1952-2022
建校七十周年
THE 70th ANNIVERSARY OF LZUFE
兰州财经大学

学术文库

演化经济学视野下的公司治理

许晓永 ◎ 著

中国财经出版传媒集团
中国财政经济出版社

图书在版编目（CIP）数据

演化经济学视野下的公司治理／许晓永著．--北京：
中国财政经济出版社，2022.3
（兰州财经大学学术文库）
ISBN 978－7－5223－0999－6

Ⅰ.①演… Ⅱ.①许… Ⅲ.①公司－企业管理－研究
Ⅳ.①F276.6

中国版本图书馆 CIP 数据核字（2021）第 253389 号

责任编辑：彭 波　　　　责任校对：胡永立
封面设计：陈宇琰

演化经济学视野下的公司治理
YANHUA JINGJIXUE SHIYEXIA DE GONGSI ZHILI

中国财政经济出版社 出版
URL：http：//www.cfeph.cn
E－mail：cfeph@cfeph.cn

社址：北京市海淀区阜成路甲 28 号　邮政编码：100142
营销中心电话：010－88191522　编辑部门电话：010－88190957
天猫网店：中国财政经济出版社旗舰店
网址：https：//zgczjjcbs.tmall.com
北京财经印刷厂印刷　各地新华书店经销
成品尺寸：170mm×240mm　16 开　10.25 印张　146 000 字
2022 年 3 月第 1 版　2022 年 3 月北京第 1 次印刷
定价：50.00 元
ISBN 978－7－5223－0999－6
（图书出现印装问题，本社负责调换，电话：010－88190548）
本社质量投诉电话：010－88190744
打击盗版举报热线：010－88191661　QQ：2242791300

前　言

公司治理作为现代企业理论的重要组成部分，其规范研究和实证研究的基础多是新制度经济学，然而，新制度经济学静态的、简化的分析方法使公司治理研究在个体上陷于追求最优的公司治理结构和机制，在总体上陷于追求最优的治理模式的研究范式。复杂的、动态发展的企业要求公司治理研究不能局限在静态的、简化的分析框架下，而应重视从复杂性和动态发展的视角研究公司治理。只有认识到公司治理的复杂性和动态发展性，才能更接近公司治理的现实，以此为基础设计的公司治理结构和机制才能更加有效。

本书突破现有公司治理理论框架，利用演化经济学动态的分析方法和基础理论探索公司治理问题产生的本质原因。在认识到公司治理问题的复杂性和动态发展性的基础上，寻求解决公司治理问题的新思路和新方法。为了在新的框架下讨论公司治理问题，本书首先对现有公司治理理论进行了简单回顾，然后论述了现有公司治理理论的局限性，其中重点论述了激励理论和现有治理结构中存在的主要问题和局限性，并提出应以新的理论和方法研究公司治理的产生、发展和解决的方法，以便更接近公司治理的现实。公司治理中各利益主体和企业的动态发展及差异化的特征，使公司治理不能遵循统一的模式，只能结合公司实际设计与内外部环境相适应的治理结构和机制。公司治理是一个有限开放的系统，并具备自组织的特征，公司治理系统发展的过程中会不断地自我创生、自我适应、自我生长和自我完善。在分析当前三种主流公司治理模式演化过程的基础上，归纳出资源基础和选择机制的共同作用是公司治理模式存在差异化特征的本质原因，并以此为结论分析了我国公司治理模式选择的方式和发展的方向。

本书在利用演化经济学研究公司治理问题，始终以“公司治理不存在统一的、最优的机制和手段，也不存在最优的公司治理模式，公司治理结构和机制只有适合企业内外部环境，才能通过激励各要素主体发挥各自潜力，并提高公司的运营效率，才能使企业创造更多的价值”为核心论点。

本书内容共分六章，三大部分。

第一部分是本书的理论基础，包括导言和第二章内容。导言部分阐述了我国公司治理实践的现状和问题、现有理论的局限性，并对公司治理国内外文献进行了综述，然后提出了演化经济学为公司治理提供了新思路和研究框架。第二章首先综述了新制度经济学视野下公司治理理论的局限性，提出以演化经济学动态的、差异化的分析方法研究公司治理和设计公司治理机制才能更接近公司治理现实，然后综述了演化经济学的主要理论、观点和研究的方法。第二章是全文的基础理论部分，为后续章节的研究提供了方法、思路、框架和理论基础。

第二部分是本书主干部分，包括三章内容。该部分首先论述了“经济人”的动态性、企业的异质性假设要求公司治理不应局限在静态的、简化的分析框架下，而应认识到公司治理问题的动态发展性和差异化的特征，然后论述了公司治理的自组织特征和演化发展过程中自我完善的功能。第三章首先回顾了“经济人”假设的产生、发展和理论价值，在批判“经济人”假设的基础上论证了“经济人”动态性特征，并以此为基础论述了公司治理问题产生的原因和解决的办法，提出了公司治理机制和结构设计不应局限在新制度经济学“经济人”偏好既定的框架下，而应认识到价值观的形成和培养对于公司治理的重要性。第四章在对比主流企业理论的基础上，论述了同质性企业理论的局限性和异质性企业理论的现实性，并以此为基础讨论了企业异质性的来源与公司治理理论和实践的发展，提出企业异质性致使公司治理的侧重点和主要问题各不相同，公司治理的机制和结构也不应有统一的标准，应与企业的内部能力相适应。第五章以演化经济学自组织理论为基础，论证了公司治理系统是一个具备自组织特征的复杂系统，公司治理的发展是复杂系统自组织发展的过程，即公司治理系统能够自发地从一个有序向另一个有序发展。

第三部分首先论述了三种公司治理模式是基础资源和选择机制共同作用的结果，然后从报酬递增和制度互补两个方面论述公司治理模式的路径依赖特征和环境适应性特征，并根据现代公司治理模式的发展历程，探讨了在遗传、变异和选择的演化框架内，我国公司治理模式演进的过程和未来的发展方向。该部分提出了在我国特色社会主义市场经济的大环境中，公司治理模式应抛弃“送来主义”，而要根据我国社会经济和公司制企业的特点，依据社会主义价值标准，选择构建具有我国特色的公司治理模式。

演化经济学从20世纪中期产生至今，仍未形成相对统一的理论，并且演化经济学流派众多，各个流派使用的研究方法、基本假设和理论工具也不相同，缺乏统一的研究范式。这给本书的研究带来了较多的困难，为了在演化经济学视野下研究公司治理问题，本书打破演化经济学各个流派的界限，从涉及公司治理的微观基础——个人和企业出发，探究公司治理问题产生的本质原因、寻求有效的解决方法和手段，最后归纳了公司治理模式的遗传、变异、选择的演化规律，并结合我国社会经济的特点讨论了公司治理未来发展的方向。

本书在利用演化经济学研究公司治理的过程中，使用了不同的分析方法，主体部分每一章的研究对象都相对独立，但始终坚持了演化经济学差异化和动态化的研究方法。以演化经济学为基础理论和分析方法，动态地研究公司治理问题是本书最大的创新，具体体现在如下几个方面。

（一）研究差异化在公司治理的作用

新古典经济学的核心是价格理论，为了方便建立数学模型论证市场机制的作用，新古典经济学将微观经济主体简化为同质的、没有差异的、偏好既定的“经济人”。本书则从差异化的角度审视公司治理问题，在认识到“经济人”的动态性和企业的差异性的基础上探讨了公司治理问题的解决途径、方法和手段，突破了西方主流经济理论“经济人”同质的、偏好既定的假设和企业同质性假设，为公司治理问题的解决提供了新的思路和方法。

（二）动态分析公司治理问题的产生和解决的方法

新制度经济学继承了新古典经济学静态的分析方法，认为时间是可逆的，即时间不重要，没有认识到无论是公司还是构成公司的各种要素都是动态发展的。本书从公司动态发展的角度，探讨了公司治理产生的原因、发展的过程和公司治理问题的历史性。动态地研究公司治理问题打破了现有的公司治理理论和分析框架，为公司治理研究提供了新的分析框架和理论基础。

（三）提出遗传、变异和选择：公司治理模式的演化路径

通过对三种主流公司治理模式形成原因的探究，在重视历史动态发展的视角下，论证了公司治理模式是资源基础差异和选择机制共同作用的结果。在此基础上，通过分析我国公司治理演化过程，提出遗传、变异和选择是公司治理模式演化的路径或机制，并提出了我国公司治理选择机制包括市场选择、个体适应和立法引导。

2021 年 11 月

目 录

第一章

导论

公司治理是社会主义市场经济中的一个无法回避的问题，如何健全公司治理机制并将其作为社会经济制度建设的重要组成部分，一直是理论和实践重点关注的课题。20 世纪 90 年代以来，在经济全球化的进程中，公司治理受到了世界各国的重视，无论是发达国家还是发展中国家都把公司治理看作是改善投资环境、夯实经济基础的必要手段。作为现代企业核心的公司如果没有健全的治理结构和治理机制，一个必然的结果就是公司或股东的资产被滥用，而作为股东的公民财产权也难以得到保护，市场经济和现代国家运作的基础将受到削弱，实体经济和金融部门也将面临巨大的风险。

第一节　研究背景

我国关于公司治理问题的研究最早可以追溯到国有企业改革，在四十多年的公司治理理论研究和实践中，我国公司治理经历了行政治理到公司治理的转变，上市公司治理在理念的导入、监事会和董事会制度的建设、独立董事制度的建立等方面正由“消极守规”的强制性治理向“主动合规”的自主性治理转型（李维安，2011）。尽管我国公司治理水平在不断提高，但我国公司治理无论是结构还是机制都带有“送来主义”的特征，这些在日德、英美行之有效的结构或机制并不能很好地解决我国公司治理的具体问题，要建立具有我国特色的、行之有效的公司治理结构和机制，必须正视公司治理的差异性和动态性，采取“拿来主义”的方法，选择和构建适合我国社会主义市场经济的公司治理模式。

一、我国公司治理的现状及问题

（一）我国公司治理现状

到目前为止，我国公司治理经历了四个阶段：1978～1992年的企业经营自主权、利改税、承包经营责任制和转换企业经营机制等国企改革的现代企业制度探索和公司治理观念导入阶段；1993～1998年的公司治理结构构建阶段；1999～2012年的公司治理机制建立阶段；2013年至今的公司治理有效性提高阶段。这四个阶段可以用五个转变来概括：从治理结构到治理机制的转变、从治理理论到治理原则的转变、从单法人治理到集团治理的转变、从国内治理到跨国公司治理转变、从传统企业治理到网络治理的转变①。在这一过程中，公司治理理念不断普及，从营利组织治理研究，扩展到非营利组织治理、政府治理以及国家治理和社会治理等研究。

1. 总体治理现状

截至2020年年底，我国境内上市公司4140家，总市值达85万亿元②，公司制企业已经成为我国经济发展的主要动力，然而我国公司治理现状并不乐观。2020年共有58家上市公司被立案调查，主要为信息披露方面的违法行为③。南开大学公司治理评价课题组2019年发布的中国上市公司治理报告显示，中国上市公司治理水平在2003～2019年总体上不断提高，其中经历了2009年的回调，金融危机之后，趋于逐年上升态势，并在2019年达到新

---

① 南开大学公司治理评价课题组．中国上市公司治理状况评价研究[J]．管理世界，2010（1）；部分说法参考了“公司治理学‘十四五’发展前沿问题研讨会”相关内容。

② 数说资本市场三十年，21世纪经济报道，2021－1－3.

③ 2020年58家上市公司被立案调查［EB/OL］．央视网，2021－1－11.

高63.19，但较2018年改善幅度有所放缓。2015～2019年历年提升幅度依次为0.61、0.42、0.18、0.35和0.17。2003～2019年中国上市公司治理指数依次为49.62、55.02、55.28、56.08、56.85、57.68、57.62、59.09、60.28、60.60、60.76、61.46、62.07、62.49、62.67、63.02和63.19。2019年，构成中国上市公司治理指数的股东治理指数、董事会治理指数、监事会治理指数、经理层治理指数、信息披露指数和利益相关者治理指数六大维度中除了经理层治理和利益相关者治理之外均呈上升态势，其中，股东治理和监事会治理提高最为显著。从治理等级分布来看，呈现出向较高治理等级移动的趋势：2019年有20家达到了$CCGI^{NK}$Ⅲ水平；达到$CCGI^{NK}$Ⅳ的有3026家，占全样本的84.95%，较2018年的81.55%有显著的提高；处于$CCGI^{NK}$Ⅴ的公司有514家，占全样本的14.43%，与2018年的17.75%相比，有显著下降的趋势①。这些数据从总体上说明了我国公司治理水平并不高，还需要不断地加强和完善。

2. 具体治理现状②

（1）行业、地区分类现状。分行业来看，2019年评价排名中，金融业的公司治理指数位居第一，紧随其后的是卫生和社会工作，住宿和餐饮业，建筑业，水利、环境和公共设施管理业。房地产业，采矿业，文化、体育和娱乐业，农、林、牧、渔业，租赁和商务服务业，综合等行业治理指数仍然较低。分地区来看不同地区治理水平存在一定差异，河南、天津、江西、云南、广东、北京、山东等地区指数较高；而辽宁、山西、海南、广西、宁夏、黑龙江和青海指数较低。

（2）中国上市公司治理六大维度状况。中国上市公司治理评价结果显示，从股东治理、董事会治理、监事会治理、经理层治理、信息披露、利益相关者治理六大维度对3562家上市公司治理状况进行进一步分析发现，六大维度中除了经理层治理、利益相关者治理维度略有降低外，其他维度公司治理指数均有不同程度的提升。

股东治理指数略有提升，但独立性有所下降。2019年中国上市公司股东

---

①② 2019中国上市公司治理指数在南开大学发布［EB/OL］. 南开大学新闻网，2019-7-23.

治理指数相比 2018 年有所提升，由 66.47 上升为 67.06，提升 0.59。

董事会治理水平稳中有进，民营控股与国有控股上市公司董事薪酬仍然存在一定差距。2019 年度董事会治理指数的平均值为 64.51，比 2018 年度提高了 0.23，主要原因是董事权利与义务指数、董事会运作效率指数、董事薪酬指数、独立董事制度指数均有不同程度的提升，但是董事会组织结构指数比 2018 年下降了 0.4。

2019 年监事会治理指数为 59.55，相比 2018 年提升了 0.50。监事会运行状况提升较大，达到 75.83，较 2018 年提高了 2.03，主要体现在监事会会议次数的增加。

经理层治理总体平稳，执行保障、激励约束有所降低。2019 年经理层指数与 2018 年度基本持平，其中任免制度指数上升了 1.99，执行保障指数和激励约束指数分别下降了 1.59 和 0.67。

信息披露质量进一步提升，但推迟披露定期报告的公司比例上升。近 6 年，我国上市公司信息披露水平总体呈现稳定的上升趋势。2019 年信息披露指数较上年提升 0.04，真实性、相关性、及时性三个分指数分别提高了 0.02、0.06 与 0.04。

上市公司投资者参与的途径和方式增多，利益相关者协调治理水平有待提高。2019 年上市公司利益相关者治理指数为 63.00，与 2018 年同期相比下降 0.26；利益相关者参与程度指数为 55.03，与 2018 年同期相比上升 2.77，利益相关者协调程度则有所下降，2019 年仅为 72.75。

（3）中国上市公司治理各市场板块评价状况。主板信息披露指数显著提升，六大维度均有所改善。主板上市公司治理评价样本 1827 家，占总样本的 51.29%。2019 年治理指数平均值为 62.59，股东治理、董事会治理、监事会治理、经理层治理、信息披露和利益相关者治理水平都比 2018 年有不同幅度的提高。

中小企业板治理指数总体呈现一定波动性，利益相关者治理指数近 6 年整体下降，监事会治理状况仍然有较大提升空间。2019 年 909 家中小企业板上市公司治理指数平均值为 63.62，相对于 2018 年略有下降。

创业板上市公司治理水平有所下降。2019 年共有 738 家创业板上市公司样本，与2018年相比增加了28家公司，公司治理指数的平均值为63.96，较2018年略有下降，但仍然高于主板和中小企业板。

（二）我国公司治理的主要问题

1. 公司治理结构复杂而无效

我国公司内部治理结构中不仅有“三会四权”的权利制衡监督机制，而且还有独立董事制度执行监督机制。相对复杂的公司内部治理结构，一方面会因为监督主体多元化而导致监督责任、权利不协调而引发矛盾，最终使监督缺位；另一方面会使公司内部关系复杂、矛盾较多，导致治理成本较高。

段从清（2004）分析了独立董事制度与监事会模式并列运行的障碍主要包括：一是监事会监督独立董事在董事会行使监督权力和决策权力的结果，会出现监督责任方面模糊不清的矛盾；二是如果独立董事做到勤勉有加、尽心尽责，则监事会就成为多余的机构，反之如果监事会真正能做到监督有力，则独立董事就成为多余的了，即存在重复设置监督机构；三是形同虚设的监事会使独立董事与监事的矛盾冲突处在一种隐性状态，当归责和免责法律严格界定的情况下，遇到民事赔偿诉讼时，这种潜在的冲突似乎就会显性化。双重监督机构难免存在监督范围不清、监督责任不明的问题。在这些问题存在的情况下，监督机构出于自身的考虑，往往会推卸监督责任，缩小自己的监督范围，最终往往导致监督缺位。

复杂的内部制衡机制使公司治理要协调独立董事、内部董事、监事会和经营者几方的权利、义务、责任、利益等问题，使内部经济利益关系复杂化，导致治理成本提高，影响公司整体运作效率。这与公司治理要以提高企业运作效率为主相矛盾，因此，如何设计高效精简的治理结构是公司治理研究的重点。

2. 公司治理外部基础设施不健全

在我国市场经济还不完善的情况下，公司治理外部基础设施不健全，导致外部治理力量不足。公司治理外部基础设施主要包括信息披露制度、信用中介机构、法律法规、政府监管和舆论监督。良好的外部制度环境是公司治理的根基，也是外部治理的一部分，公司治理的外部基础设施在我国当前的公司治理中还未受到重视，尤其是信用中介机构和舆论监督在公司治理中还处于边缘地位。

3. 公司治理缺乏主动性

南开大学公司治理评价课题组（2010）公司治理报告中提出我国上市公司多数满足了强制性治理要求，而治理等级不高也说明了上市公司自主性治理不足。长期以来，我国公司治理注重财富分配，忽视了财富创造。表现在公司治理实践中，上市公司认为公司治理主要是对中小股东进行财富分配，从而忽视了有效的公司治理对企业价值创造的所用，因此，多数上市公司认为满足国家立法规定的强制性治理要求就达到了公司治理目标，缺乏主动治理。

4. 公司治理机制不灵活

新制度经济学既定假设和线性决定论使公司治理理论缺乏新的思路和发展方向，公司治理手段和机制也以激励机制和约束机制为主。我国公司治理理论主要源自西方发达国家，自 20 世纪 80 年代以来，多数公司治理理论研究都有西方理论研究的影子。这就使我国公司治理实践也主要借鉴西方发达国家经验，而我国经济无论是体制还是发展水平、规模等都与西方国家存在明显的差别，盲目地引进国外治理经验使我国公司治理缺乏积极主动适应经济环境的能力。如我国现有的公司制企业中家族企业占了相当大的比重，随着这些家族企业的发展，陆续有家族企业上市发行成为公众公司，但这些企业在“去家族化”的过程中，由于治理机制不灵活致使内部利益矛盾激化，如国美控制权之争。

5. 股权结构不合理

我国公司制企业主要是原来的国有企业转制而来，因此，形成了以国有股为主的股权结构。在这种股权结构下，国有股东在公司治理中起到“关键人”作用，公司股东会往往由作为第一大股东的政府所控制，从而产生政企合一与市场机制、政府控制与“内部人控制”的矛盾，导致企业的经济行为常常表现为政府行为。在公司治理结构中，董事会成员往往由公司经营班子和几个政府部门官员组成，董事长、总经理也由政府委派任命。

我国上市公司中国有控股的企业占的比例较大，股权结构相对集中，

"一股独大"的股权结构，容易产生大股东侵害小股东问题。国有控股的上市公司现金流量权和表决权的分离程度较为严重，大股东通过关联交易、盈余管理等手段剥削中小股东是我国公司治理的主要问题。

二、我国公司治理缺乏恰当的理论指导

（一）我国理论经济的两大阵营：政治经济学与西方经济学

我国理论经济学界主要包括政治经济学和西方经济学两大阵营，公司治理研究主要以西方经济学为理论基础。政治经济学以马克思主义经济学为核心的部分，主要研究社会生产关系、社会经济制度和阶级利益关系。改革开放以前，政治经济学是我国经济实践的理论基础。西方经济学以市场均衡价格理论为主，研究目的主要是探索商品经济与市场的具体运行机制、运行规律、资源配置、分配制度、宏观与微观的市场调控方法等。改革开放以后，随着我国建设社会主义市场经济的步伐，政治经济学的地位有所下降，而西方经济学的地位有所上升。公司治理理论作为西方经济理论的一部分，随着我国现代企业制度的建设引进我国。西方公司治理理论有其特定的经济环境，而我国社会主义市场经济与西方市场经济存在差别，因此，西方公司治理理论并不适合我国社会经济大环境，而政治经济学缺乏对公司治理的研究。西方资本主义社会是以私有制为主的市场经济，而我国的市场经济是以公有制为主，这就使西方的公司治理理论很难对我国公司治理问题进行指导。在社会主义市场经济条件下，应重新审视公司治理问题，建立适合我国经济实际的公司治理理论。

（二）我国公司治理的特殊性

我国社会主义初级阶段的创造性发展是"摸着石头过河"，没有成型的模式可以遵循，在建设社会主义市场经济实践中借鉴了西方经济市场理论，但无论是我国的经济大环境还是微观经济主体与西方社会都存在很大的差别，因此，以西方公司治理理论指导的我国公司治理实践存在很多问题。我

国公司治理的特殊性主要表现在：

1. 国有经济为主的公司制企业

《中华人民共和国宪法》第七条指出："国有经济，即社会主义全民所有制经济，是国民经济中的主导力量。"这就决定了我国是以国有经济为主导的社会主义市场经济。2020 年年末我国上市公司 4140 家，其中民营企业占比 61.36%，国企占比 28.1%，但 2039 家主板上市公司中，1006 家为国有或国有控股，占总数的比例为 48.7%[①]。国有经济的主导地位一方面是解放和发展生产力的根本要求，另一方面是实现共同富裕和构建社会主义和谐社会的经济基础。这就使我国的公司治理带有社会主义的特殊性，使我国公司治理目标不同于西方资本主义国家。

2. 公司治理缺乏实践经验

自 20 世纪 90 年代开始建立公司制企业至今，我国公司治理实践只有 40 年的时间，不仅缺乏实践经验而且还没有形成可供推广的公司治理模式。随着我国改革开放和市场经济的建设，公司制企业数量和规模发展迅速，但很多企业在发展的过程中，由于缺乏主动治理而使公司治理水平并没有相应提高，公司治理机制和结构没有随着企业的发展而做相应的调整，从而导致企业内部矛盾突出，如 20 世纪末健力宝权利之争、近期的国美和真功夫权利之争。公司制企业的快速发展和滞后的公司治理已经成为我国公司治理面临的主要问题。

3. 我国企业内部构成的特殊性

在坚持社会主义道路和共产党领导的方针指导下，我国公司内部结构不仅包括股东会、董事会、监事会等涉及公司权力制衡的机构，也包括党委会、工会等体现社会主义特征的机构。在当前的公司治理机制中，工会、党委会已经在公司治理中发挥着不同的作用，尤其是在党建引领的公司治理机制完善中，加强党委在重大决策中作用和企业内部从严治党均使我国公司治理问题具有特殊性。在我国特色的社会主义市场经济条件下，党委会、工会有其独特的地位和作用。如何利用党委会和工会解决公司治理问题，为我国

---

① 数说资本市场三十年［N］. 21 世纪经济报道，2021－1－3.

公司治理研究提出了新的课题。

第二节 公司治理文献综述

一、国外公司治理研究综述

（一）国外公司治理研究起源

随着现代企业制度的产生，公司治理问题成为公司制企业重要的问题之一。尽管公司治理的研究开始于 Jensen 和 Meckling 发表在 1976 年具有引领性的论文《企业理论：经理行为、代理成本与所有权结构》，但是公司治理的思想可以追溯到斯密的《国民财富的性质和原因的研究》："在钱财的处理上，股份公司的董事为他人尽力，而私人合伙的伙员，则纯为自己打算。所以，想要股份公司董事们视钱财用途，像合伙公司伙员那样用意周到，那是很难做到的。有如富家管事的一样，他们往往设想，着意小节殊非主人的光荣。一切小的算计，因此就抛之不顾了。这样，疏忽和浪费，成为股份公司业务经营上多少难免的弊端①。"在斯密看来，当公司的所有权与管理权分离的条件下，管理者不可能像维护自己的利益一样去维护所有者利益，即管理者与所有者之间存在着潜在的利益冲突。很大程度上，现代公司治理理论的发展就是着眼于如何减少和控制这种利益冲突，从而使经营效率得以提高。Jensen 和 Meckling（1976）系统地研究了股东与管理者的代理问题，阐述了公司运营中代理成本构成等问题，认为公司治理就是利用一些机制使代理成本降低，从而达到增加股东利益的目的。Williamson（1984、1985）从

① ［英］亚当·斯密．国民财富的性质和原因的研究（下）［M］．北京：商务印书馆，1974：303.

非完全契约的角度出发，认为相对于其他的公司利益所有者而言，股东权益的保护是相对较差的，因此，公司治理制度的建立也应该以股东的利益为出发点。Shleifer 和 Vishny（1997）从代理问题的角度出发，认为公司治理就是研究投资者如何从管理者那里取回自己投资和收益的机制。

国外公司治理的文献主要涉及公司治理机制和投资者保护，如内部治理机构、激励机制、外部市场约束机制等。投资者保护问题以 LLSV（La Porta，Lopez - de - Silanes，Shleifer and Vishny，1997、1998、2002）为代表，主要涉及大股东对小股东的剥夺、投资者保护机制、国家证券市场监管的比较、投资者保护与融资成本的关系、投资者保护与公司价值等问题。涉及这两方面的文章较多，无论是国外还是国内都对这些文献进行过综述，在此不再详述。

（二）当前国外公司治理研究前沿及趋势

自东南亚金融危机和安然、世通公司财务丑闻事件以后，公司治理研究呈现出新的发展趋势。

1. 研究对象从发达国家（美、日、德等）向发展中国家扩展

公司治理问题研究起源于西方发达国家，因此，早期公司治理主要以西方发达国家的公司为研究对象，近年来国外公司治理研究的热点开始向发展中国家扩展或进行国家之间的比较，如 Faccio 和 Lang（2002）、Denis 和 McConnell（2003）、LLS（La Porta，Lopez - de - Silanes，Shleifer，1999）考察了 27 个国家或地区的 540 家大公司的股权结构。

2. 研究视角由企业内部转向企业之间

英美国家高度分散的股权结构，使公司治理的研究视角主要集中在企业内部，而日德、东南亚以及欧洲大陆的一些国家股权相对集中并存在相互持股的现象，因此公司治理的研究视角开始向企业间转移，如 Morck（2008）认为除了英美之外的公司治理问题最好放在企业之间而非企业内部；Khanna 和 Yafeh（2007）将企业间治理分成两种模式，一种是大型联合企业，另一种是企业集团模式。

3. 研究层面由微观向宏观发展

各国公司之间的股权结构差异导致各国公司治理存在差异，一些文献开始从法律、政治、经济、文化、政府等社会因素解释和分析产生这些差异的原因。如 LLSV（1998、2000、2002、2006、2008）阐述了各国由于对投资者保护水平存在差异导致了股权结构的差异；Williamson（2000）、Stllz 和 Williamson（2003）认为文化、宗教等影响了法律，从而影响公司治理制度；Roe（2000、2003、2006）认为股权结构的差异可以用政治因素来解释。

4. 演化视角下的公司治理研究

Bebchuk 和 Roe（1999）以及 Schmidt 和 Spindler（2002）把演化经济学的路径依赖与公司治理发展联系起来，提出了公司治理的路径依赖理论。Bebchuk 和 Roe（1999）认为，现代公司制企业初始的所有权、组织结构及其与这种结构有关的法律规则不同，从而导致了公司治理进化过程中的路径依赖。结构驱动和规则驱动作为路径依赖的两个来源，决定了公司治理模式发展的路径依赖性。Schmidt 和 Spindler（2002）认为公司治理系统是由互补性的制度构成，这些制度由内部控制系统和外部控制系统构成，公司治理制度的互补性是公司治理路径依赖的原因。

二、国内公司治理研究综述

（一）我国公司治理理论研究脉络

1. 公司治理研究起源

我国公司治理研究源于国有企业改革。国企改革虽然没有明确提出公司治理的概念，但在改革实践中涉及公司治理的一些理论。杨瑞龙（1988a）在阐述国有企业股份制改造中提到股份公司内部所有权与经营权分离以及董事会对高级管理的监督任免等内容部分涉及公司内部治理问题[①]，随后杨瑞龙（1988b）又阐述了所有权约束经营权的两个层次，也涉及公司治理的约

① 杨瑞龙．产权明晰化与双层股份制模式[J]．经济研究，1988（2）．

束机制问题[①]。杜海燕（1990）分析了国有企业的激励制度的类型、特征等涉及公司治理激励机制问题[②]。

我国理论界正式对公司治理问题的研究始于20世纪90年代初，在1993年11月党的十四届三中全会通过《关于建立社会主义市场经济体制若干问题的决定》，提出国有企业改革的方向是建立现代企业制度以后，理论界在引进、介绍和借鉴国外有关公司治理的理论及实践经验的基础上，对我国公司治理结构改革等方面的问题展开了讨论，提出了若干建设性的意见和建议。主要的文献有：吴敬琏（1994）对法人治理结构进行了详细的阐述，重点介绍了委托代理管理和企业内部的权利制衡[③]；卢昌崇（1994）重点阐述了如何协调“新三会”与“老三会”的关系[④]；刘伟（1994）论述了企业产权的特点及产权制度改革中的治理结构[⑤]；银温泉（1994）在对美、日、德公司治理结构制度比较的基础上提出我国建设现代企业制度时应注意的若干问题[⑥]；郁光华、伏健（1994）讨论了国有公司中的代理成本问题，分析了降低代理成本的各种监督机制和《公司法》的作用，并论述了当时中国经济中监督机制的缺陷，认为巨大的代理成本是国有企业缺乏效益的主要原因[⑦]；日本学者青木昌彦（1994）对我国转轨经济中公司治理的内部人控制的特点进行了分析，提出了监督控制内部人的内部机制（内部治理）和外部机制（债权治理）[⑧]。

2. 公司治理研究的发展

20世纪末，我国公司治理的研究进入繁荣阶段，其中规范研究主要沿着公司治理问题的提出、内部治理、外部治理的演进模式。研究内部治理、企业内部委托－代理关系、控制权配置的主要有：费方域（1996abcdef）对公

---

① 杨瑞龙．法人资产制度与企业自负盈亏[J]．经济研究，1988（8）．
② 杜海燕等．国有企业的自主权、市场结构和激励制度[J]．经济研究，1990（1）．
③ 吴敬琏．论现代企业制度[J]．财经研究，1994（2）．
④ 卢昌崇．公司治理机构及新、老三会关系论[J]．经济研究，1994（11）．
⑤ 刘伟．公司（企业）法人产权与治理结构[J]．改革，1994（4）．
⑥ 银温泉．美国、日本和德国的公司治理结构制度比较[J]．改革，1994（3）．
⑦ 郁光华，伏健．股份公司的代理成本和监督机制[J]．经济研究，1994（3）．
⑧ ［日］青木昌彦．对内部人控制的控制：转轨经济中公司治理的若干问题[J]．改革，1994（6）．

司治理的概念、理论、治理结构和机制进行介绍和论述[①]；张维迎等（1995）分析了“正宗”公有经济中公有化程度（初始委托人的数量）和公有经济规模（公有企业的数量）对初始委托人的监督积极性和最终代理人的工作努力水平的效应[②]；林毅夫等（1995）讨论了作为委托人的国家和企业经理层的目标不一致问题及信息不对称问题，并分析了企业外部的竞争环境对公司治理的影响[③]；张春霖（1995）讨论了存在道德风险的委托－代理关系问题，并分析了问题的性质及解决的途径以及初始委托人的界定和代理人对风险的态度等问题[④]；张维迎（1996）对所有制、治理结构及委托－代理关系等现代企业理论和公司治理的要点进行了界定，并分析了公司治理结构与《公司法》中的基本逻辑、团队生产与委托人的功能[⑤]；周小川（1999）对信任委托与委托代理、消极的投资者和积极的投资者等微观概念进行了界定[⑥]；黄群慧（2000）认为企业家控制权激励约束机制是一种动态调整企业家控制权的决策机制，现阶段我国国有企业企业家控制权的特征可以概括为“控制权行政配置”与“内部人控制”共存，这是产生“59岁现象”、过度“在职消费”等问题的根源[⑦]；孔翔（2002）研究了独立董事制度产生与发展的过程，对中外独立董事制度从制度规定形式、独立性、人数与比例、任职资格、职责与行使职权的机构、薪酬激励方式等进行了较详细的比较分析[⑧]；冯根福（2004）针对股权相对集中或高度集中为主要特征的上市公司的实际情况，提出和构建了一种新的公司治理问题的分析框架——双重委托

---

① 费方域．什么是公司治理[J]．上海经济研究，1996（5）．费方域在1996年分别在《上海经济研究》第5、6、8、9、11、12期发表了六篇论述公司治理的文章详见参考文献．

② 张维迎，吴有昌，马捷．分析公有制经济中的委托人－代理人关系及其监督和激励机制[J]．经济研究，1995（4）．

③ 林毅夫，蔡昉，李周．国有企业改革的核心是创造竞争的环境[J]．改革，1995（3）．

④ 张春霖．存在道德风险的委托代理关系：理论分析及其应用中的问题[J]．经济研究，1995（8）．

⑤ 张维迎．所有制、治理结构及委托－代理关系——兼评崔之元和周其仁的一些观点[J]．经济研究，1996（9）．

⑥ 周小川．经济学中的微观制度概念[J]．经济社会体制比较，1999（4）．

⑦ 黄群慧．控制权作为企业家的激励约束因素：理论分析及现实解释意义[J]．经济研究，2000（1）．

⑧ 孔翔．中外独立董事制度比较研究[J]．管理世界，2002（8）．

代理理论，双重委托-代理理论比单委托代理理论的解释力更强，更有利于实现降低公司的双重代理成本和实现全体股东利益的最大化①；王怀林（2006）从文化的角度阐述了公司治理的股权结构问题②。

规范研究中涉及企业外部治理以及公司治理基础设施的主要有：钱颖一（1995）分析了在中国政治与经济环境中几种可选择治理结构的成本与收益，尤其是控股公司、投资公司、养老基金以及商业银行之类的金融中介机构作用的问题③；林毅夫、蔡昉、李周（1997）分析了所有权与经营权分离的三个特征，提出所有制改革必须要克服信息不对称、激励不相容和责任不对等的问题，而这些问题的克服必须要建立有效的内部治理结构和外部的竞争环境④；张春霖（1999）评述了捷克大众私有化之后形成的以私有化投资基金为中心的公司治理结构的主要特点和面临的问题，并探讨了大众私有化之后公司治理问题的复杂性及投资基金可能扮演的角色⑤。

（二）我国公司治理实证研究的主要内容

1. 研究公司治理结构、治理机制对公司价值或绩效的作用

李有根（2001）实证了法人代表董事构成和公司净资产收益率之间具有显著的“倒U形”曲线关系，而内部董事构成、专家董事构成、专务董事构成和公司绩效之间没有稳定的变量关系⑥；刘芍佳等（2003）按照新的控股主体分类标准对不同的控股类型进行了绩效筛选比较，实证研究发现中国上市公司的股权结构与公司绩效确实密切相关⑦；周建波等（2003）研究公

① 冯根福．双重委托代理理论：上市公司治理的另一种分析框架——兼论进一步完善中国上市公司治理的新思路[J]．经济研究，2004（12）．

② 王怀林，冯登艳．我国上市公司治理结构问题的文化解释[J]．管理世界，2006（7）．

③ 钱颖一．企业的治理结构改革和融资结构改革[J]．经济研究，1995（1）．

④ 林毅夫，蔡昉，李周．现代企业制度的内涵与国有企业改革方向[J]．经济研究，1997（3）．

⑤ 张春霖．以捷克为例看大众私有化以后的公司治理问题及投资基金的作用[J]．改革，1999（4）．

⑥ 李有根，赵西萍，李怀祖．上市公司的董事会构成和公司绩效研究[J]．中国工业经济，2001（5）．

⑦ 刘芍佳，孙霈，刘乃全．终极产权论、股权结构及公司绩效[J]．经济研究，2003（4）．

司治理特征、经营者股权激励与公司经营业绩提高的关系，得出股权激励对公司业绩有正面影响，尤其是成长性较高的公司，公司经营业绩的提高与经营者因股权激励增加的持股数显著正相关[①]；汪辉（2003）证实了债务融资具有加强公司治理、增加公司市场价值的作用，市场对公司发行债券有积极的反应，同时债务融资起到了传递公司业绩的信号作用[②]；白重恩等（2005）运用主元因素分析法编制了一个可反映上市公司治理水平的综合指标——G 指标，证实了治理水平高的企业其市场价值也高，并且投资者愿为治理良好的公司付出相当可观的溢价[③]；胡一帆等（2005）证实了竞争、产权与公司治理对公司绩效都有积极影响，但是产权对公司治理和竞争存在替代效应，补充了当时存在的某些理论的缺陷[④]。

2. 研究决定或影响公司治理结构的因素

何浚（1998）以上海、深圳证券交易所上市的 530 家公司为样本，从公司的股权结构入手，分不同行业对我国上市公司的治理结构进行了实证分析，结果表明：股权结构畸形、国有资本主体缺位、股东控制权残缺和经理人员的约束机制不健全是我国上市公司治理结构的主要缺陷[⑤]；徐晓东（2003）研究了第一大股东的所有权性质、第一大股东的变更对公司治理效力和企业业绩的影响，得出上市公司第一大股东的所有权性质不同，其公司业绩、股权结构和治理效力也不同，第一大股东为非国家股股东的公司有着更高的企业价值和更强的盈利能力，在经营上更具灵活性，公司治理的效率更高，其高级管理层也面临着更多的来自企业内部和市场的监督和激励等结论[⑥]；于东智（2004）证实了董事会的专有特征会对其职能的行使发挥作用，

---

① 周建波，孙菊生．经营者股权激励的治理效应研究——来自中国上市公司的经验证据[J]．经济研究，2003（5）．

② 汪辉．上市公司债务融资、公司治理与市场价值[J]．经济研究，2003（8）．

③ 白重恩，刘俏，陆洲，宋敏，张俊喜．中国上市公司治理结构的实证研究[J]．经济研究，2005（2）．

④ 胡一帆，宋敏，张俊喜．竞争、产权、公司治理三大理论的相对重要性及交互关系[J]．经济研究，2005（9）．

⑤ 何浚．上市公司治理结构的实证分析[J]．经济研究，1998（5）．

⑥ 徐晓东、陈小悦，第一大股东对公司治理、企业业绩的影响分析[J]．经济研究，2003（2）．

进而对公司绩效产生影响，经验分析也证实了“董事会规模与公司绩效指标之间存在着倒U形的曲线关系”和“公司以前年度的绩效水平越好，董事会的稳定性越强”这两个理论假设①；陈晓等（2005）在全面分析1998～2002年我国上市公司关联交易总体状况，考察了关联交易与股权结构之间的关系，得出了关联交易的发生规模与股权集中度显著正相关，持股比例超过10%的控股股东数目的增加会降低关联交易的发生金额和概率②。

3. 研究制约公司治理机制发挥作用的因素

郑志刚（2004）探讨了内部和外部控制系统及其整合对降低由投资者之间的利益冲突所产生的代理成本的作用，证实了外部控制系统的存在，将使内部控制系统的监督功能加强，从而使公司治理机制整体形成对企业家道德风险行为的有效约束，而当企业家与分散投资者所签订的合约满足企业家激励相容约束条件时，内部和外部控制系统表现为互补关系③；周建波（2003）证实了实行股权激励的公司，在实行股权激励前业绩普遍较高，存在选择性偏见，经营者因股权激励增加的持股数与由第一大股东选派的董事比例显著正相关，成长性较高的公司，公司经营业绩的提高与经营者因股权激励增加的持股数显著正相关，强制经营者持股、用年薪购买流通股以及混合模式的激励效果较好④；李新春等（2006）证明了家族企业激励机制对企业家精神具有显著的正向促进作用，保健机制则表现为不作为或失灵，而国有企业激励机制对企业家精神无显著影响，保健机制则对企业家精神具有较为显著的“倒U形”作用⑤。

4. 研究公司治理基础设施建设及对公司治理产生的影响

陈晓（2000）首先从总体上研究了股权结构对上市公司业绩的影响，然

---

① 于东智，池国华．董事会规模、稳定性与公司绩效：理论与经验分析[J]．经济研究，2004（4）．

② 陈晓，王琨．关联交易、公司治理与国有股改革——来自我国资本市场的实证证据[J]．经济研究，2005（4）．

③ 郑志刚．投资者之间的利益冲突和公司治理机制的整合[J]．经济研究，2004（2）．

④ 周建波，孙菊生．经营者股权激励的治理效应研究——来自中国上市公司的经验证据[J]．经济研究，2003（5）．

⑤ 李新春，苏琦，董文卓．公司治理与企业家精神[J]．经济研究，2006（2）．

后研究行业竞争不同，企业股权结构对公司绩效产生的影响不同，从而得出提高行业的竞争性是国有企业股权结构多元化政策发挥作用的关键因素[①]。

（三）当前我国公司治理研究前沿

近几年，我国公司治理的研究呈现出跨学科、多角度的研究趋势，公司治理研究前沿主要有如下几个方向。

1. 结合经济学某些分支研究公司治理问题

戴志敏（2002）采用博弈论的分析方法，在股权结构分散与股权结构集中两种情况下，对所有者与经营者之间的博弈行为进行分析，并最终得出了所有者与经营者在两种情况下混合策略的纳什均衡[②]；陈闯（2008）利用案例研究的方法，并结合演化经济学企业理论，提出了不同类型投资者对董事会职能演进所具有的不同作用，动态考察上市公司董事会职能的演进过程，并将股权异质性作为解释董事会职能演进的主要变量[③]；在演化经济学视角下分析公司治理问题的主要有：徐金发等（2007）用耗散结构理论来分析公司治理系统的特征，透视了公司治理的系统本质，提出一个有生命力的公司治理系统必然是一个具有开放的、非线性的和远离平衡态的有序的耗散结构[④]。严若森（2008）提出并定义了公司治理结构熵的概念，解析了公司治理结构中熵意义上的两种公司治理状态"经营者控制"和"共同治理"，得出公司治理结构熵能够反映公司治理结构的无标度性的结论；甘德安（2010）从复杂性自组织理论对家族企业治理结构演变进行了阐述，提出了家族企业治理的自涌现机制等观点。

2. 研究特殊类型公司治理问题

李维安（2003）从商业银行具有诸多不同于一般公司的特点出发，阐述其公司治理的特殊性，并对商业银行公司治理的一系列基本问题进行探索性

---

① 陈晓，江东．股权多元化、公司业绩与行业竞争性[J]．经济研究，2000（8）．

② 戴志敏，刘华．公司治理结构中的博弈分析[J]．数量经济技术经济研究，2002（2）．

③ 陈闯，杨威．股权投资者异质性对董事会职能演进的影响——以平高电气为例[J]．管理世界，2008（12）．

④ 徐金发，常盛，谢宏．公司治理系统的耗散结构特征研究[J]．技术经济，2007（1）．

研究，以构建商业银行公司治理的一般模式[①]；潘敏（2006）从银行业的特征出发，分析了银行资本结构的特殊性、资产交易的非透明性和严格管制等三个典型特征对商业银行公司治理机制的影响，得出商业银行公司治理所要解决的主要代理问题是股东与债权人、股东与监管者之间的利益冲突，在商业银行的公司治理机制中，外部治理的作用非常有限，内部治理机制是其核心等结论[②]。

李新春（2003）从家族企业的高速成长带来对职业经理人的需求增长出发，探讨了企业和经理人双方的家族主义取向导致双方缺乏相互信任，对传统家族企业的改造中，经理人引入较普遍的模式是家族和经理人共同分割企业的控制权，这一模式在这里被称之为“折中治理”[③]；甘德安（2010）借助复杂性科学的理论、方法把家族企业治理结构看成是一个复杂适应系统，然后借助复杂性科学中的自组织理论的结构决定功能原理研究家族企业特有的治理结构是怎样决定家族企业不同于非家族企业功能的，解释家族企业的功能的特殊性，阐述家族企业治理结构与功能的关系[④]。

3. 从盈余管理角度研究公司治理

支晓强（2005）利用我国上市公司2001～2003年的相关数据，考察了独立董事变更与公司盈余管理程度、公司控制权转移之间的关系，结果表明，公司的盈余管理程度越高，独立董事变更概率和变更比例越高[⑤]。高雷（2008）选取沪深两市2003～2005年（非金融类）上市公司的数据，采用回归方法，对公司治理、机构投资者与盈余管理三者的关系进行了实证研究，研究发现：机构投资者持股比例与公司治理水平是正相关关系，公司治理水平与盈余管理程度是负相关关系，机构投资者的持股比例与盈余管理程度呈

---

① 李维安，曹廷求．商业银行公司治理：理论模式与我国的选择[J]．南开学报（哲学社会科学版），2003（1）．

② 潘敏．商业银行公司治理：一个基于银行业特征的理论分析[J]．金融研究，2006（3）．

③ 李新春．经理人市场失灵与家族企业治理[J]．管理世界，2003（4）．

④ 甘德安．复杂性的家族企业演化理论系列研究之二——从复杂性自组织理论看家族企业治理结构演变[J]．理论月刊，2010（2）．

⑤ 支晓强，童盼．盈余管理、控制权转移与独立董事变更——兼论独立董事治理作用的发挥[J]．管理世界，2005（11）．

负相关关系[①]。薄仙慧（2009）从盈余管理的角度研究国有控股和机构投资者的治理效应，以及国有控股与机构投资者在公司治理方面的交互作用，研究结果表明，从盈余管理角度来看，国有控股和机构投资者有利于公司治理的改善，但机构投资者的积极治理作用在国有控股公司中受到限制[②]。

第三节 演化经济学为公司治理提供了新思路

当前多数关于公司治理的研究是在新制度经济学的理论框架下进行的，简化的、静态的分析方法使公司治理理论带有明显的局限性，在指导公司治理实践中也存在许多问题，这就迫切需要一个新的理论框架、贴近公司治理实践去研究分析公司治理问题。演化经济学作为经济学的一个流派，有着差异性和动态性的分析特征。利用演化经济学的差异化和动态化的分析方法研究公司治理问题是对当前以新制度经济学为主要分析框架的公司治理理论的有益补充和扩展。

一、公司治理研究的局限性

（一）新制度经济学的企业理论的局限性

新制度经济学企业理论主要包括科斯的交易成本论、阿尔钦和德姆塞茨的团队理论，这些理论为公司治理提供了分析的框架和理论依据，但新制度经济学脱胎于新古典经济学，难免存在简化论、还原论、决定论等方法论的局限性，也使其主要公司治理理论存在局限性[③]。

① 高雷，张杰．公司治理、机构投资者与盈余管理[J]．会计研究，2008（9）．

② 薄仙慧，吴联生．国有控股与机构投资者的治理效应：盈余管理视角[J]．经济研究，2009（2）．

③ 本书第二章将详细论述新制度经济学方法论和企业理论的局限性。

（二）公司治理研究的局限性

1. 规范研究的局限性

尽管现有的公司治理理论研究成果很丰富，国内外不少学者从文化学、社会学和比较文化学、组织行为学、管理学、法学、会计学、经济学等角度，对公司治理进行了研究，使公司治理问题研究得以深入开展。但是，目前对公司治理理论的研究主要以新古典经济学、新制度经济学的线性思维和静态分析为主，在某一方面或几方面对治理机制等细节进行还原化的研究，使研究方式还没有摆脱拉普拉斯决定论的哲学观与方法论。由于这些研究成果与现实的要求还有差距，所以有学者认为的，公司治理是一个多角度多层次的概念，很难用简单的术语来表达。这就客观地要求我们用新的视角，克服线性思维和静态分析模式，从差异化、动态化和复杂系统出发重新审视公司治理问题，为公司治理结构和治理机制的完善提供新的思路。

2. 实证研究的局限性

以理性和逻辑为特征的实证研究方法起始于自然科学领域，随后大规模地进入经济学领域，为经济学确立了可证实性的检验标准，促进了经济学广泛采用定量分析和数据检验。实证研究对经济学产生了深远的影响，实证方法特别是数理逻辑推演以及定量化分析进入经济学，被认为是检验经济学科学化的重要量度，甚至是唯一的量度，数学在其中被赋予了决定性的角色。然而，在复杂的社会经济系统中，“在现实的利益冲突面前，事前的‘科学性’往往盖不过事后的‘道德性’，在面对不同利益群体的时候，经济学其实并不能掩盖它的阶级立场和价值标准，科学和价值并不是非此即彼的关系①”。

在公司治理领域实证研究固然可以在一定的前提假设下，将公司治理结构等变量与公司治理绩效通过线性方程联系起来，但是其局限性也是明显的。第一，实证研究需要严格的假设条件。严格的假设条件使经济学和经济主体失去了主动性和能动性，导致经济学限于僵化的线性决定论。第二，严

① 杜金沛，邢祖礼．实证经济学与规范经济学：科学标准的辨析[J]．财经研究，2005（12）．

格的假设条件割裂了经济变量之间的相互联系。线性方程以经济变量之间存在明显的因果关系为前提，而现实的经济系统中各种变量相互影响，很难分清楚“因”和“果”，正如鸡和蛋的问题。

二、演化经济学视野下公司治理思路的拓展

（一）演化经济学的兴起

在对新古典经济学持久批评的过程中，演化经济学逐渐得以兴起。演化经济学认为新古典经济学在给定的条件和机制下通过市场机制实现资源最优配置只是经济变迁过程的必要条件，而新古典经济学基本假定的变化即新偏好的形成、技术和制度的创新以及新资源的创造却是造成经济变迁的关键。演化经济学作为研究制度演化和技术创新的一门新兴经济学分支，与新古典经济学的静态均衡分析相比，演化经济学注重对“变化”的研究，强调时间与历史在经济演化中的重要地位。在我国不断完善社会主义经济制度的现阶段，从演化经济学的视角审视公司治理问题，一方面能为演化微观经济学的构建作出贡献，另一方面利用演化经济学的观点和分析方法重新考察公司治理的产生、发展是对公司治理研究的有益补充。

（二）演化经济学与新古典经济学的研究思路的区别

演化经济学与新古典经济学研究问题的思路是非常不同的。新古典经济学基于三项基本假定：“经济人”（给定的偏好）假设、生产技术和制度约束、可供使用的资源，研究人们如何在给定的机制下相互作用，达到某种均衡状态[①]。演化经济学认为生产要素的投入只是必要条件，而充分条件则来自于新古典经济学的假定前提的改变，即新偏好的形成、技术和制度的创新以及新资源的创造[②]。

---

① 钱颖一．理解现代经济学[J]．经济社会体制比较，2002（2）．

② 贾根良．演化经济学［M］．太原：山西人民出版社，2004：1.

演化经济学对新古典经济学进行了大量的批评，主要集中在最优（最大化）假说、类型思维和历史无关这三个方面，并相应地提供了替代性的要素。(1) 满意假说。演化经济学在西蒙“有限理性”假定的基础上，接受了马奇在行为主义企业理论中提出的满意假说。在满意模型中，适应性抱负水平成为人们选择的依据，它考虑到了经济行为者过去的经验，而且，它也意味着经济行为者的选择是不会相同的，即经济主体之间是存在差异的。(2) 个体群思维（Population Thinking)。个群体思维是演化分析的核心特征，它在进化生物学中首先得到了发展，它与非演化的类型学思维（Typological Thinking）相对立。类型学思维把所有的变异都看作是对理想类型的偏离，看作是由于暂时的干涉力量（偶然的扰动、冲击）所导致的畸变，因此，为了集中到现象真实的本质上，类型学思维就把个体差异看作是某种可以忽视的东西。新古典经济学作出了给定偏好和个体同质性（代表性行为者）的假定，认为群体就是个体的简单加总，排除了多样性行为的可能，忽视个体的创造性和新奇行为。演化经济学个体群思维，承认个体的多样性和差异性，并把个体选择置于多样化行为的群体中，强调了主观偏好的特异性和行为的异质性对新奇创生和创新过程的重要性。(3) 历史重要。新古典经济学认为时间可逆和非历史性是众所周知的。历史是发展的，作为社会科学重要组成部分的经济学不能忽视时间的方向性，即时间是不可逆的、不对称的，可逆的过程只是一个理想的状态。演化经济学强调历史的重要性，认为时间是不可逆的，强调时间对社会经济系统最基本的建设性作用。历史并非简单地指过去对现在和未来的影响，而是突出了经济过程具有路径依赖、不确定性和时间不可逆等重要特征①。正是认识到个体的多样性和历史的重要性使演化经济学摆脱了简化论、决定论和静态分析的窠臼，认为经济系统是一个复杂的系统，强调混沌、自组织过程是经济系统存在和发展的特征。

（三）演化经济学对公司治理理论和实践的拓展

复杂性科学是对线形思维、简化论、还原论、决定论等方法论的革命，

---

① 贾根良．演化经济学［M］．太原：山西人民出版社，2004：4－5.

在演化经济学的视野下公司治理研究获得了新的方法论和理论基础。系统论、耗散结构、自组织理论成为公司治理研究新的理论基础和工具，层次性、动态性、涌现性、非线性、反馈性、开放性、模糊性等共同构成了公司治理的复杂特征。认识到公司治理的复杂性特征、在复杂系统中研究公司治理产生的原因、寻求解决的途径、动态地研究公司治理的演化和发展是演化经济学视角下公司治理研究的重点，也是对现有公司治理理论的完善和补充。

把公司治理视作一个复杂适应系统，就可以解释公司治理结构中的非线性动力学行为；可以理解公司治理结构是怎样生成与演化的；可以解释不同的公司治理结构是怎样决定企业不同功能的，因此对于深入研究公司自身的治理结构及其优化有着很强的理论价值。公司治理结构的发展是一个动态演进的过程，它经历了一个从简单到复杂，从不完善到完善的过程。动态地研究我国公司治理的发展、决定和影响因素，找到制约内部治理的核心因素，创立具有中国特色的公司治理理论，推动我国公司治理结构和机制的完善，对提高我国企业的整体竞争能力，促进国民经济的发展具有重大的现实意义。

总之，演化经济学分析的个性化和动态化特征，使在此框架下的公司治理理论更具有现实意义。各个国家文化、历史等存在差异性，使各个企业、各个行业和各个国家的公司治理存在较大的差异，因此，不存在绝对好的公司治理。差异化的分析虽然不能否定公司治理中有共性的规律，但更要重视独特性的内容和现实，因此，公司治理不应追求统一的模式，而应根据国家、行业、企业实际设计有利于企业价值创造的公司治理结构和机制。随着技术、经济和社会的发展，公司治理也是动态变化的，如早期强调股东的利益，现在强调利益相关者的利益和公司的社会责任，因此，不同经济体发展的阶段不同，公司治理的侧重点也不尽相同。公司治理模式演化的过程中由于存在报酬递增和制度互补的原因，公司治理结构和机制的动态变化也往往带有路径依赖的特征。

第四节 主要内容、创新及研究方法

一、主要内容

本书利用演化经济学的分析方法和基础理论重新审视公司治理问题产生的原因，并在此框架下寻求解决公司治理问题的新思路和新方法，归纳公司治理模式动态发展过程中的经济规律。为了在新视野下研究公司治理问题，本书首先对现有公司治理理论进行了简单回顾，然后在论述现有公司治理理论局限性的基础上，提出以新的理论和方法研究公司治理的产生、发展和解决是对现有公司治理理论的有益补充和修正，并在对我国公司治理模式的演变过程进行回顾的基础上，从经济学的角度论述了公司治理模式遗传、变异和选择的演化过程，并结合我国社会主义市场经济实践提出了我国公司治理模式的选择标准和未来的演化方向。

本书共分六章，从结构上分三个层次（如图 1.1 所示），主要内容如下：

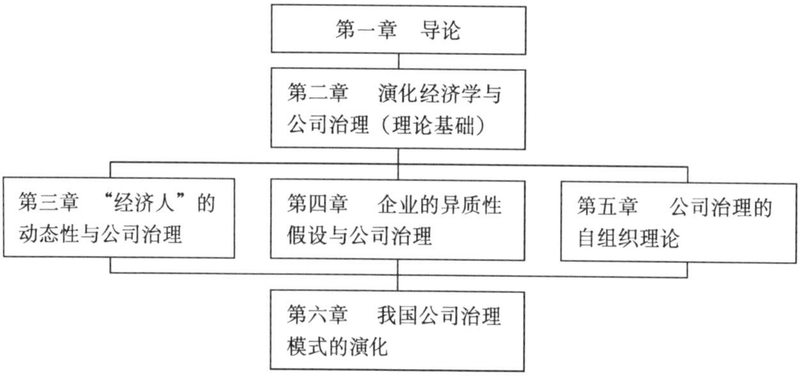

图 1.1　本书结构图

第一章是导论，主要阐述了我国公司治理实践的现状和问题、现有理论的局限性，并在对公司治理国内外文献进行综述的基础上，提出了演化经济学为公司治理提供了新的思路和研究方法。

第二章是本书的理论基础，论述了新制度经济学公司治理理论的局限性，简述了演化经济学的起源、发展，综述了其基础理论、观点，论述了企业能力理论和公司治理的复杂性。该章为全书的基础理论部分，为后续章节的论述提供了方法、思路和基础理论。

第三章首先回顾了“经济人”假设的产生、发展和理论价值，在批判“经济人”假设的基础上论证了“经济人”动态性特征的理论价值和现实意义，以此为基础论述了公司治理问题产生的原因和解决的办法，强调了对人的价值观的培养，也是公司治理的必要手段。

第四章通过对比企业的同质性假设和异质性假设，阐述了企业异质性的现实性，并以此讨论了企业异质性的来源、企业的异质性决定了公司治理的差异性。

第五章论述了公司治理系统是一个具备自组织特征的复杂系统，公司治理的发展是复杂系统自组织发展的过程，即公司治理系统中的自组织功能能够使公司治理系统自发地从一个有序向另一个有序发展。

第六章回顾了三种主要的公司治理模式，并根据演化经济学路径依赖理论和制度互补理论讨论了公司治理模式的发展趋势，然后在遗传、变异和选择的演化框架内论证了我国公司治理模式演进的过程和未来的发展方向。

结论对本书的研究思路和过程进行了总结，对主要结论进行了更加明确的表述，指出了本书后续研究的方向和思路。

二、难点、创新点

演化经济学从20世纪中期产生至今，仍未能形成基本观点相对统一的理论，并且演化经济学流派众多，各个流派使用的研究方法和理论工具也不相同，这给本书的研究带来了较多的困难。为了在演化经济学视野内研究公司治理问题，本书打破演化经济学各个流派的界限，从涉及公司治理的微观基础——个人和企业出发，探讨公司治理产生的原因，寻求根本解决的方法，最后宏观地探讨了我国公司治理模式的演进方向。

本书在利用演化经济学的分析方法研究公司治理的过程中，使用了不同的方法，主体部分每一章的研究对象都相对独立，但始终贯穿了演化经济学差异化和动态化的分析方法。利用演化经济学的基本观点、理论对公司治理问题产生的原因、解决的方法、治理模式的演化路径进行重新分析和阐述是本书最主要的创新点，具体体现在如下几个方面。

（一）研究差异化在公司治理的作用

新古典经济学的核心是价格理论，为了方便建立数学模型论证市场机制的作用，将微观经济主体简单化为同质的，认为人是没有差异的、偏好既定的“经济人”，企业则是一个无差异的生产函数。简化的、同质的微观经济主体在研究价格理论过程中，便于建立数学模型以论证一般均衡产生的过程和条件，然而在现实经济系统中，横向上对比个体之间是有差异的，纵向上对比个体是有发展的，而无论是新古典经济学还是新制度经济学都没有认识到公司治理中差异化的存在。本书首先从差异化的角度审视公司治理问题，在微观主体差异化的基础上探讨公司治理问题的解决途径、方法和手段，突破了新制度经济学“经济人”同质的、偏好既定的假设和企业同质性假设，为公司治理问题的解决提供了新的思路和方法。

（二）动态分析公司治理问题的产生和解决的方法

新制度经济学也继承了新古典经济学静态的分析方法，认为时间是可逆的，即时间不重要，没有认识到无论是公司还是构成公司的各种要素都是动态发展的。本书从公司动态发展的角度，探讨了公司治理产生的原因、发展的过程和公司治理问题的历史性。动态研究公司治理问题打破了现有公司治理理论和分析框架，为公司治理研究提供了新的分析框架和方法。

（三）提出遗传、变异和选择：公司治理模式的演化路径

通过对三种主流公司治理模式形成原因的剖析，在重视历史发展的视角

下，认识到公司治理模式的差异是资源基础差异和选择机制不同共同作用的结果。通过对我国公司治理演化过程的梳理，以我国公司治理演化为分析对象提出了遗传、变异和选择是公司治理模式的演化路径。

三、研究方法

（一）比较研究

本书通过比较新古典经济学、新制度经济学和演化经济学的基本假设、主要观点和分析思路，论证了演化经济学研究的现实性和科学性，比较了厂商理论、契约理论和能力理论这三种不同的企业理论，论述了企业能力理论作为公司治理的基础理论，能够更好地认识公司治理问题产生的原因，代理问题的解决也能突破传统激励机制和约束机制的局限性。本书着重对比了不同理论框架下的公司治理理论、机制和结构的设计，摆脱新古典经济学和新制度经济学的局限性，从动态的、发展的视角研究公司治理产生的原因，并寻求根本解决公司治理问题的方法。

（二）规范研究

本书首先探讨了新古典经济学和新制度经济学方法论的局限性，提出利用演化经济学动态的、历史的分析方法探讨公司治理问题。从涉及公司治理微观基础的个人和企业入手，规范了演化经济学的企业理论和基本假设前提，为公司治理研究确立了新的研究框架和理论基础。

（三）历史分析和逻辑分析结合

本书在探讨我国公司治理问题的过程中，从历史的角度阐述了公司治理问题的演变过程，强调了公司治理模式演化过程中的路径依赖特征，然后根据我国社会主义经济建设的发展历程，探讨我国公司治理模式的选择依据和发展方向。历史分析和逻辑分析相结合的方法使我们更能清楚地认识到公司治理模式存在差异化的原因，更能够深入研究公司治理模式形成的原因和演变方向。

第二章

演化经济学与公司治理

公司治理作为现代企业理论的一个重要分支，其规范和实证研究多数是在新制度经济学的框架下进行的，然而新制度经济学静态的、简化的分析方法使公司治理研究在个体上陷于追求最优的公司治理结构和机制，在总体上陷于追求最优的治理模式。近年来，演化经济学的不断发展为理解经济系统的运行提供了一个新的研究视角，其许多有价值的论点和研究方法为公司治理研究提供了新的研究思路。

第一节　现有公司治理理论的局限性

当前公司治理理论多是以新制度经济学为基础，从契约不完全角度阐述了公司治理产生的原因，并以激励和约束机制来解决代理问题。然而，新制度经济学基本上继承了新古典经济学简化的、静态的、决定论的分析框架，这使公司治理理论和方法都带有一定的局限性。

一、新制度经济学企业理论的方法论

新古典经济学抽象掉历史（非线性）和多样化（多均衡）的发展过程，

所以较易于做数学模型和进行严密的论证，这让新古典经济学在第二次世界大战后很快占领了西方经济学的学术阵地①。新制度经济学脱胎于新古典经济学，以1937年科斯的《企业的性质》为诞生的标志。科斯将交易成本引入经济分析领域，引起了经济学的革命，也为后来的企业理论研究提供了分析工具。新制度经济学虽然批判地继承新古典经济学，但是其基本的研究框架和理论基础依然是新古典经济学的。

新制度经济学企业理论的主要贡献包括科斯的交易成本论、阿尔钦和德姆塞茨的团队理论，这些理论为公司治理提供了基本的分析框架和理论基础。从方法论角度看，新制度经济学在继承新古典经济学个人主义的“人性论”史观和坚持正统的新古典理论硬核的同时，不断修正新古典理论的保护带，注重解释真实的世界，扩大了经济学的研究范围，但是新制度经济学依然没有脱离新古典经济学的窠臼。

（一）新制度经济学企业理论

1. 反对实证主义，主张回归现实

新制度经济学认为新古典经济学的实证主义方法忽视了真实世界与假设条件的差异性，认为强调现实主义的假设才能够分析存在的世界，而不是抽象后的不真实世界。新制度经济学主张遵循归纳和演绎相结合的分析方法，认为经济学研究必须用事实作为实证的基础，要从新古典经济学的理想模式回归到现实分析问题（刘凤义，2008）。经济理论必须要从复杂的经济现象出发，经过复杂到简单的抽象过程，才能把握经济本质，抽象后的经济本质或规律又必须回到复杂的经济现象中去指导现实经济社会的运行，因此，复杂—简单—复杂的过程是经济研究的逻辑基础。

2. 对“经济人”假设的修正

新制度经济学在坚持“经济人”假设的基础上，希望降低对“经济人”的抽象程度来分析现实的企业问题。新制度经济学对“经济人”最大化偏好进行了一些修正，认为个人追求的目标不仅包括收入、物质等纯经济利益，

① 陈平．新古典经济学在中国转型实验中的作用有限［J］．经济研究，2006（10）．

还包括尊严、名誉、社会地位等非经济利益，因此，“效用最大化”比“利益最大化”更接近现实。个人物质利益内容的拓展，增加了对现实的解释力，但也遇到了严重的困难，因为效用是不可度量的。

新制度经济学吸收了西蒙的“有限理性”学说，认为经济主体在认知能力有限，在复杂的和不确定的环境等条件下进行决策，不可能作出完全理性的“最大化”选择，而只能在现有的信息和能力下作出“有限理性”的决策，获得满意的效用（利益）。“有限理性”反映了市场信息不完全和不确定、人们的认知能力有限等内容，更接近于现实世界。

新古典经济学将“经济人”从复杂的社会中完全抽象出来，抛弃了道德等不科学的社会因素，追求理性的“最大化”。新制度经济学在继承新古典经济学“经济人”利己假设的前提下，认为人的经济行为总带有一种“机会主义”和“逃避责任”倾向，而这两种倾向往往是和道德因素是密切联系在一起的。

3. 通过契约分析企业内部经济关系

新制度经济学认为企业是一系列契约的组合，契约关系是企业中人与人的主要经济关系，并由此提出了分析企业内部关系的框架。契约关系中由于契约主体所处的地位不同则其目标函数不一致，其中拥有信息优势的一方（代理人）可以利用关系契约侵害另一方（委托人）的利益，导致代理问题产生，形成代理成本，而合理的激励和约束机制是企业协调有效地运行的关键。

4. 交易成本

交易成本由科斯首次提出，打破了新古典经济学市场机制无成本的框架，奠定新制度经济学的基础。经由威廉姆森、克莱因、张五常等人发展，新制度经济学把交易成本定义为包括所有与制度或组织的建立或变迁，以及和制度或组织的使用有关的成本。新制度经济学将交易成本或制度成本的存在作为其分析问题的基本假设条件，尽管交易成本存在无法准确测度和定义模糊的问题，但交易成本概念是理解市场经济实际运行的关键。交易成本通过比较各种组织结构、制度安排的交易成本或制度成本收益的大小来分析企业的产生、性质、社会交易契约的选择等问题，使其成为新制度经济学分析问题的基本工具。

（二）新制度经济学企业理论的局限性

1. 个人主义方法论

新制度经济学是建立在新古典经济学个人主义方法论基础之上的。新古典经济学主张微观经济主体（厂商和家庭）是经济活动中基本的单元，微观主体在追求自身利益最大化的同时，通过市场机制，可以实现整个社会利益的最大化。个人主义方法论存在着致命缺陷，这就是其所渗透的“经济世界观”是“人性论”历史观，即把推动社会各类制度形成和变迁的根本动力归结为个人的理性选择。这种个人主义方法论片面地强调了人的理性选择的作用，忽视了经济制度及社会道德对人的影响。

2. “经济人”假设修改有限

新制度经济学试图通过对“经济人”假设的修改，使之符合经济系统中现实人的行为，但其个人主义方法论的本质已经决定了其修改效果是十分有限的。新制度经济学依然坚持了新古典经济学“经济人”假设的“硬核”，其修改仅仅局限在理论的“保护带”层面上（刘凤义，2008）。新制度经济学中“经济人”依然是利己的、依然按照自己既定的偏好作出“有限理性”的选择，这和现实中的人还有很大的差别。

3. 静态均衡分析法

新制度经济学依然采用静态比较的研究方法，即在两个现实的可供选择的制度安排之间进行选择，其分析是在其他背景条件不变前提下，对现实中不同的资源配置的组织形式（主要是企业制度和市场制度之间）进行比较，然后看哪种组织形式更有效率。

二、新制度经济学视野下公司治理理论的局限性

（一）委托－代理理论的局限性

以委托－代理理论为基础的现代公司治理理论主要是通过一系列的制度

安排来规范代理人的行为，降低代理成本，提高企业效率。这种制度安排试图从“公司内部治理结构”“外部市场竞争”和“外部监管”等方面的激励和约束机制减少代理人的机会主义行为。这些机制表面上看面面俱到、无懈可击，而实质上代理成本的降低始终存在无法权衡的矛盾，即构成代理成本的监督成本和损失成本无法权衡。

在由委托人、监管者和代理人构成的公司治理分析框架中，代理人拥有生产经营的信息优势，监管者能观测代理人经营的相关信号，委托人不能观测到与此相关的任何信息。拥有信息优势的代理人和监督者为了共同的利益结成联盟，并对委托人的利益造成侵害就称为合谋。公司治理分析框架中代理人和监督者拥有信息优势，为了自身利益最大化，在主观上具有侵害委托人的动机，在客观上具备侵害委托人的能力和条件，因此，在合谋租金存在的条件下，合谋必然存在。公司内部的合谋包括代理人之间、代理人与监督者（监事和独立董事）、代理人与控股股东之间。在合谋的三个基本要素（信息优势、经济激励、意愿和能力）存在的条件下，合谋难于防范，或者需要增加更多的激励和监督成本（罗建兵，2008）。合谋瓦解了看似无懈可击的公司内部治理结构中的监督机制，使公司治理的权力制衡和监督机制效果不佳甚至名存实亡，美国安然、世通等公司治理案件也证明了合谋的现实存在性。合谋的存在是公司治理基础理论的重要缺陷，在新制度经济学的理论框架内是一个难于解决的问题。

在公司内部治理结构设计中，“三会四权”实现有效地制衡还需要有较多的前提条件，在经济主体利益相关和利己的前提下，公司内部人（董事会、监事会）往往会通过合谋侵害外部人（中小股东等）的利益。这些问题都是新制度经济学的视野下必然存在的问题，为了完善公司治理，必须突破一些假设前提，在新的视野下重构公司治理理论，为治理机制设计提供理论依据。

委托－代理理论在公司治理中的局限性还表现在，通过精密设定的内部制衡机制固然可以降低代理成本，但却会带来监督成本的增加，企业内部官僚主义和政治斗争也因此而生，代理成本降低而监督成本增加会导致治理效率的非增反降。另外，委托－代理理论并没有解决不确定的决策权以及控制权应该赋予委托人还是代理人、独立董事的引入是否合适、股东利益最大化能否成为公司治理的唯一目标等问题。委托－代理理论无法解决的硬伤包括委托－代理问题的解决存在国别的不同。以委托－代理理论为基础的公司治理结构是个体在某一时点的静态均衡，而公司治理问题是一个历史的动态过程，并且委托－代理理论只着重分析企业内部，而对公司治理的各个方面的有机联系关注不够，对公司具体发展的阶段、业务关系也没有很好地联系和说明（朱欣民、张晓峰，2005）。理想状态的委托－代理问题及其解决途径，在现实经济关系复杂的公司利益主体之间，很难划清楚其他经济利益关系与委托－代理关系之间的界限，也很难设计激励相容的机制解决复杂的经济矛盾。

（二）微观主体的简化

新古典经济学为了有效地进行均衡分析，引入了代表性企业的概念，抹杀了企业间的差异和多样性，企业被简缩为一个生产函数（黑箱）。新制度经济学虽然打开了企业的“黑箱”，但仍受简化论思维的支配，忽视了企业的多样性的现实（贾根良，2004）。

新制度经济学对人的经济行为的分析本质上是建立在新古典经济学“经济人”假设基础上的，不过在形式上做了修改，改完全理性为有限理性，改利益最大化为效用最大化等，但新制度经济学对人的假设依然没有考虑外部环境对人的行为的影响，抽象掉了人的社会性（刘凤义，2008）。

新制度经济学继承了新古典经济学简化的分析方法，将微观经济主体和外部环境进行简单化和理想化，这样的分析有其合理的一面，即便于抓住问题的主要方面进行逻辑和实证分析。然而，在经济系统中复杂性、不确定、偶然因素往往使这些理想化的理论分析并无多少解释能力。

（三）静态分析

新制度经济学采用现实体制的静态比较方法，把企业理论的研究局限于交易领域，这种研究模式很容易停留于事物表层的分析，而不能揭示其内部制度结构及运动规律（刘凤义，2007）。历史是发展的，作为社会科学重要组成部分的经济学不能忽视时间的方向性，必须认识到时间是不可逆的、不对称的，可逆的过程只是一个理想的状态。马克思在《资本论》中指出，生产中的各种关系无不以社会性质为基础，而不是交易的社会性质，而社会性质又由动态发展的生产力决定。无论是从企业制度的发展，还是人类社会文明的进化，经济社会中的微观主体都是动态变化的，不会静止在某一时点。因此，采用静态的分析方法无法认识到事物发展的根本原因。

（四）线性决定论

新古典经济学丢掉了风险、不确定和预期等随机和偶然的因素，以给定的参数（偏好、制度和技术）研究经济系统各部分之间的数量关系，即用决定论的方法对有机的经济过程加以处理。新古典经济学通过把经济现象非历史化和非社会化，把经济学变成了一种类似于经典物理学这样的“精密”实证科学，而没有看到科学主体和社会主体之间交互作用的因果依赖，没有看到作为社会产物的人类经验与知识所居有的历史暂时性（贾根良，2004）。线性决定论忽视了偶然因素和个体因素之间的相互作用，在经济研究的逻辑中强调了抽象的作用，而忽视理论研究回归复杂经济现象的现实作用。

现代公司治理理论中往往强调某些可观察的变量对公司治理绩效的影响，如公司治理的实证文献都是在一定的假定条件下去研究公司股权结构、市场竞争等因素和公司绩效之间的线性数量关系，这些只强调变量之间的线性因果关系的研究往往是不符合现实情况的，也是肤浅的。经济系统是一个由多种子系统构成的复杂系统，往往由多个经济变量构成，各种经济变量之间又相互影响构成了错综复杂的关系，通过线性的数量模型很难揭示各个变量之间的关系。

三、公司治理理论和实践中的问题

以新制度经济学为理论基础，公司治理问题产生的原因在于委托人与代理人之间的利益冲突和信息不对称，代理人在主观上有侵害委托人的动机（追求效用最大化），客观上具备侵害的条件（实际控制法人财产）。为了解决代理问题，当前公司治理主要包括内部治理和外部治理。内部治理强调激励机制和权力制衡，激励机制希望在主观上解决代理人侵害委托人的动机，权力制衡希望解决侵害的客观条件。外部治理强调监督和约束，希望通过完全竞争的市场反映代理人实际经营的信息，解决代理人与委托人之间的信息不对称问题，或者通过惩罚机制使代理人没有侵害委托人的动机。

（一）新制度经济学视野下公司治理的主体和客体

研究公司治理问题，首先要明确公司治理的主体和对象（客体），确定公司治理主体和对象是研究公司治理方法和手段的基础。只有明确了公司治理的主体和对象，才能确定公司治理的服务对象和治理目标，才能根据治理对象的特征寻找适当的解决方法。在新古典经济学的指导下，各国的《公司法》认为，公司所有者就是公司的股东，公司经营的主要目的就是实现股东利益最大化，因此，股东成为理所应当的治理主体，由于代理问题是由所有权和经营权的分离造成的，经理层则成为治理的对象，国内有学者认为公司治理就是股东对付经理人的招数。

在新古典经济学的框架下，公司股东的利益作为个体利益在很多情况下和其他个体（社会公众）的利益是不相容的，这种利益冲突是公司治理问题产生的根源。新古典经济学认为企业只是一个会作出最优化决策的"黑箱"，新制度经济学打开了这个"黑箱"，开始研究其中的人与人之间的经济关系，但新制度经济学依然认为构成企业的要素只有资本和劳动，资本因容易与所有者分离而易受侵害，再由于财务资本的抵押性和风险性，因此，公司的所有者是财务资本的所有者——股东，公司治理的主体自然就是公司的股东。

在资本主义早期，以股东为公司治理的主体可以通过鼓励投资而加速资本主义的产业革命和经济发展，因此，受到各个资本主义国家的认可，从全球经济发展的角度看也有较强的积极意义。在以知识信息为主要发展动力的现代经济社会，货币资本不再是公司资本的唯一概念，人力资本成为企业生存和发展的重要因素，甚至是决定因素。公司作为各种要素的组合体，除了包括人力资本和实物资本以外，客户、公众、政府、社区等因素也对公司的生存和发展起到了不可忽视的作用，成为公司的利益相关者。由于利益相关者与公司的生存和发展息息相关，公司必须重视并兼顾他们的利益，才能使各利益主体有参与组织企业的积极性，有利于社会经济的发展。

1. 公司治理的主体

对公司治理主体的界定主要包括股东利益至上理论和利益相关者理论。股东利益至上理论是根据古典的资本雇佣劳动发展而来的，其主要观点是资本家出资购买设备、原材料，雇用工人从事生产经营活动的目的就是实现资本增值，因此，资本的投入者即企业的所有者，企业是资本投入者的企业，企业的经营以股东的利益最大化为目标[①]。20 世纪 80 年代以前，各国公司法律制度正是按照这样的理论设计的，其目的在于保护公司股东利益，鼓励投资繁荣经济。股东利益至上理论强调财务资本的增值作用，忽视人力资本的重要作用，强调“资本雇佣劳动”，认为股东利益至高无上，劳动者处于被动地位，只能从属于资本。作为企业唯一所有者的股东，公司治理的主要目的就是约束经营者的机会主义行为，降低代理成本。

从 20 世纪 90 年代初开始，“股东至上”受到了利益相关者理论的强烈挑战。现代企业所有权与经营权分离，股东变成了企业的“外部人”，企业的经营管理职能由经理人承担，企业价值创造的重任落在了经营者的身上。在信息经济社会中，企业的价值创造主要源于技术的载体——人力资本，因此，人力资本成为主要的企业价值增值源泉。企业创造财富依靠技术和管理上的创新，企业的技术创新者和经理人则应处于公司的中心地位，而不仅是被动激励或被雇用的对象。企业外部环境的变化也使越来越多的个人和群体的利益受到企业业绩的影响，企业越来越演变为“社会的企业”，利益相关者理论应运而生。

利益相关者理论的基本论点是企业不仅要对股东负责，而且要对与企业有经济利益联系的相关者负责[②]。该理论认为公司的生存发展需要各利益相关者（职工、经理、债权人、供应商、消费者、社区、政府等）的投入或参与，这些利益相关者也承担了企业经营的风险，因此，企业应追求利益相关

① 李维安．公司治理学［M］．北京：高等教育出版社，2009：74.
② 李维安．公司治理学［M］．北京：高等教育出版社，2009：76.

者的整体利益，而不仅仅是某些个体的利益，企业的经营管理要综合平衡各个利益相关者的利益。随着资本市场的发展，股权日益分散，股东更愿意用“用脚投票”来防范自己的风险而不是主动监督约束管理者使企业价值最大化，相反企业的利益相关者与企业的利害关系显得更加密切，因此，与企业的利益相关者都应成为企业的（某些要素）所有者，公司治理主体则不应局限于财务资本的所有者（股东），而应该包括这些利益相关者。

利益相关者理论将满足股东利益最大化的单一目标转向满足相关者利益的多目标，则使管理者难于协调各利益相关者的利益，从而导致管理的无目标。众多的利益相关者共同参与公司治理，往往造成成本过高而失去效率，也容易导致管理者以满足其他利益相关者的利益为借口推卸责任。因此，在公司治理实践中一方面要避免以股东利益最大化为单一目标，另一方面也要避免没有侧重点地满足所有利益相关者的最大化利益要求。

2. 公司治理客体

公司治理客体就是指公司治理的对象及其范围。公司治理产生的根源是委托-代理关系，所以公司治理实质在于股东等治理主体对公司经营者的监督与制衡，以解决因信息不对称而产生的逆向选择和道德风险问题。在现实中所要具体解决的问题就是要保证公司被恰当地决策与经营管理。从这个意义上讲，公司治理的对象包括经营者和董事会，对经营者的治理来自董事会，目标在于公司经营管理是否恰当，判断标准是公司的经营业绩；对董事会的治理来自股东及其他利益相关者，目标在于公司的重大战略决策是否恰当，判断标准是股东及其他利益相关者投资的回报率。公司治理对象的范围指的是公司治理的边界，即公司权力、责任以及治理活动的范围及程度。提出公司治理的边界，是因为集团化是当今企业形态发展的一个典型特征，单个企业的公司治理边界和法人边界是一致的，而企业集团的公司治理边界已超出法人边界的范畴，并延伸到公司实际能够控制的范围①。企业在发展的过程中，交叉持股、联盟等新的组织生产的形式会突破企业原有的边界，一方面使公司治理的范围扩大化，另一方面则加大了公司治理的复杂性，从而

---

① 马磊，徐向艺. 公司治理若干重大理论问题述评［M］. 北京：经济科学出版社，2008：18.

使公司治理的难度增大。

3. 公司治理主体和客体的动态变化

在新制度经济学的视野下，公司治理的主体一般是股东和董事，治理的客体一般是经理人。强调一般性的原因在于公司治理的主体和客体并不是固定的，而是动态变化的，即相机治理问题。如当大股东通过关联交易侵害小股东利益时，公司治理的主体就不再包括大股东了，相反大股东则成为治理的对象。公司治理主体和客体不是绝对的而是相对的、动态发展的，公司治理的主体和客体经常依据公司治理问题表现情况不同而不同。当经营者侵害股东利益时，股东是治理的主体，经营者是客体；当大股东侵害小股东利益时，大股东是治理客体，中小股东是治理主体。公司状况不同，公司治理的主体和客体往往也不相同①。相机治理认识到了公司发展过程中的动态变化性，使公司治理开始朝着动态分析的方向发展，但相机治理只是认识到了公司治理主客体地位的动态变化性，而没有认识公司治理主体客体自身的动态发展对公司治理的影响。

（二）内部治理

内部治理是根据权力机构、决策机构和监督机构相互独立，权责分明，相互协调又相互制衡的原则实现对公司的治理。公司内部治理结构形式基本上可以分为单层制和双层制。单层制公司治理结构由股东大会、董事会和管理层构成，双层制由股东大会、董事会、监事会和管理层构成。无论是单层制或是双层制，形式上虽然存在差别，但公司治理机制的设计本质是一样的，都涉及剩余控制索取权、决策权、监督权和执行权等一系列相互制约的机制。

1. “三会四权”制衡关系

内部治理结构是由股东会、董事会、监事会和管理层组成，通过形成相互制衡、相互监督的内部关系和制度安排，解决股东和管理层的利益冲突问题。内部治理决定了公司内部决策过程和利益相关者参与公司治理的途径方

① 张银杰．公司治理——现代企业制度新论［M］．上海：上海财经大学出版社，2010：272－273.

法，通过协调公司内部不同利益主体的经济利益矛盾，克服减少代理成本。图2.1则说明了“三会四权”形成的制衡关系①。

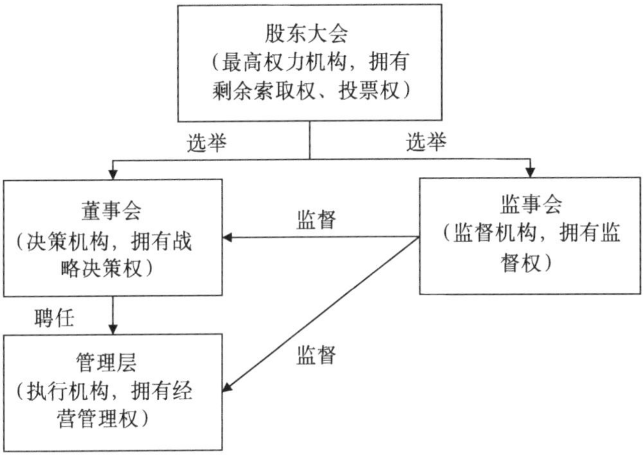

图2.1 “三会四权”制衡关系图

2. 独立董事

独立董事发挥其监督职能的关键是其独立性和专业性。独立董事作为公司的非执行董事只有不受制于公司控股股东和管理层，才可以利用其超然的地位考察、评估和监督管理层和控股股东。独立董事的独立性主要表现在人格的独立、经济地位的独立、隶属关系的独立、行使权力的独立和产生程序的独立。这些独立的特征才能保证独立董事不会和管理层及控股股东发生合谋，使其真正地发挥监督职能。独立董事的专业性是指独立董事必须具备一定的专业素质和能力，能够凭自己的专业知识和经验对公司的董事和经理以及有关问题独立地做出判断和发表有价值的意见。独立董事要有较高行使监督权的能力，才能及时发现管理层和控股股东的不法行为，并利用法律等各种手段进行及时的干预或补救。

① “三会四权”是根据我国及日本公司治理结构设计的，有些国家采用单层制的公司治理机构，则没有监事会，其监督职能由独立董事执行。德国的监事会和董事会不是平行关系，而是垂直的行政关系。为了更好地说明公司内部各部门的具体权限及制衡关系，四权没有采用所有权、法人财产权、监督权和代理权等法律术语。

3. 股权结构

合理的股权结构能够形成相互制衡的机制，防止一股独大和内部人控制等公司治理问题，股权结构是否合理一般从股权集中度和股权维度来考虑。

股权集中度，是指反映公司股权的集中和分散程度的数量化指标，是衡量公司股权分布的主要指标。从股权集中度划分，股权结构分为高度集中的股权结构、适度集中的股权结构和高度分散的股权结构。高度集中的股权结构，即一股独大的股权分布，容易造成大股东和管理层合谋侵害小股东的利益。股权高度分散，则小股东“搭便车”行为凸显，容易造成经理人革命和内部人控制，即在缺少监督的情况下管理层容易侵害委托人（分散的小股东）的利益。适度集中的股权结构是指形成若干个可以相互制衡的大股东，使大股东一方面有动力和能力监督管理层，另一方面大股东相互制衡、监督，避免了大股东侵害小股东的利益。

股权维度，即股权的身份，是指股权所有者的身份。股权维度包括国有股、法人股和个人股三部分。多元股权身份或股权维度多元化意味着公司的出资者身份复杂，不同身份的股东追求的目标不同、行为方式不同，但由于权利相互制衡和互补目标，不至于达成偏激的目标而侵害公司利益相关者的利益。

4. 激励机制

激励机制主要包括有形激励和无形激励，有形激励包括给代理人提供较高的薪酬或者业绩奖励（股权激励）使代理人与委托人的目标趋于一致，无形激励包括社会地位等非物质利益的激励，在我国国有上市公司中往往会通过行政级别激励国企的经营者。激励机制希望通过激励使代理人更加努力工作提高企业的市场价值，或者使代理人获得较高的薪酬而失去对物质利益的兴趣，不再侵害委托人的利益。

（三）外部治理

公司外部治理是通过市场、外部制度和监管部门等来实现对公司的治理。市场治理包括产品市场治理、资本市场治理、经理人市场治理和产权市场治理，市场能够提供公司绩效的信息，评价公司经营和经营者的好坏，并通过竞争机制激励和约束公司的管理层。外部制度治理是指通过立法、司法、政府监管等一套制度实现对公司的治理。外部制度治理与公司内部的自律性治理不同，是他律机制，外部制度通过对违规行为实施惩罚，以警示公司的治理对象，保证公司治理的高效率。

现有公司治理的各种手段或机制主要从约束和激励代理人的角度出发，从代理人主观和客观两个方面解决代理问题，但在新制度经济学的框架内，“经济人”追求效用最大化使代理人很难放弃侵害委托人的动机，并且自利的、机会主义的代理人通过隐蔽信息或隐蔽行为往往使侵害的客观条件存在，因此，公司治理的实际中还存在很多问题，公司治理案件层出不穷。

（四）公司治理实践中的问题

现代公司治理实践中也存在很多问题，这些问题说明了当前公司治理理论具有明显的局限性。

1. 公司治理模式的多样性

从全球公司治理的实践来看，各国由于历史的原因，各国解决代理问题的模式各不相同，主要的治理模式有英美的外部主导型治理模式、日德的内部主导型治理模式和东南亚的家族治理模式。这些模式的形成无不与其历史发展、社会文化等有着密切的联系，这也从侧面反映了静态的、简化的委托－代理理论对于公司治理的限制。公司治理作为一种制度，在其变迁中有着自增强的机制，这就决定了制度发展的方向。自增强的机制使得公司治理依赖于其外部的社会制度、政治文化和经济状况，这就造成了公司治理实践的国别差异，这也是新制度经济学视野下的公司治理理论无法解释的。

2. 公司治理案件及问题层出不穷

从 20 世纪 90 年代开始，公司治理在全球范围内经历了四次浪潮，每次治理浪潮都会凸显出不同的问题，《卡特伯里报告》、亚洲金融危机、东欧经济转轨和美国公司财务丑闻暴露了各种不同的公司治理问题，尤其是美国的财务丑闻，使我们认识到，即使在被公认为公司治理体系最完备的美国，也同样没有办法解决这些严重的公司治理问题（高闯，2009）。

现代公司治理理论的局限性和实践中暴露的问题，使我们不得不认真反思现有的公司治理理论的指导作用和现实价值。为了更好地解决公司治理问题，公司治理的理论应跳出新制度经济学的分析框架，利用新的分析框架和方法论研究公司治理问题产生的根本原因，寻求根本解决公司治理的方法和机制，并重新构建公司治理的理论体系。

第二节　演化经济学的渊源、理论框架

一、演化经济学发展及框架

（一）演化经济学的起源与发展

演化经济学虽然产生于20世纪中期，然而演化思想对主流经济学的影响却历史悠久，凡勃伦甚至把起源于斯密的经济理论称之为前演化经济学，不过在主流经济学日益繁荣时，演化思想由于缺乏统一的理论分析范式而被搁置起来了。

1. 演化经济学的起源

演化经济学是在批判新古典经济学方法论的基础上产生的，凡勃伦1898年在其经典论文《经济学为什么不是演化科学?》中首次明确指出他的经济社会演化思想直接源于达尔文主义，他提出用达尔文的演化方法和比喻代替机械力学类比，把达尔文主义的变异、遗传和选择说应用于经济学。1982年纳尔逊和温特出版《经济变迁的演化理论》后，演化经济学在西方经济学界越来越受到重视。20世纪80年代后，演化经济学的各种研究传统得到了很大的发展。霍奇逊指出，现代演化经济学的兴起已成为20世纪末国际学术界主要的事件之一①。

① 贾根良. 演化经济学——经济学革命的策源地［M］. 太原：山西人民出版社，2004：1.

2. 演化经济学的发展

从凡勃伦提出演化概念到20世纪中期，演化经济学摆脱对生物学的简单类比的局限，开始逐渐系统地构建其理论框架，从而揭示经济演化的一般原则、动态演化的规律以及行为基础等经济现实问题。与此同时，演化经济学运用其全新的分析方法开始对制度、企业运行、技术进步和经济增长等经济问题进行研究。但是，由于这一时期的演化思想相当分散，理论框架还不完整，没有像新古典经济学那样形成统一的研究范式，并且有许多经济学家还对经济学中使用生物学类比的做法表示怀疑，演化经济学家之间的分歧也较大，因此，演化经济学被搁置起来了。

1981年博尔丁出版了《演化经济学》、1982年纳尔逊和温特出版了《经济变迁的演化理论》，这两本书的出版标志着一种比较系统的新经济理论已经诞生，演化经济学的发展进入了一个全新的阶段。博尔丁、纳尔逊和温特都利用了生物学的类比和隐喻，认为技术、组织惯例和产品之所以得以流行，其主要原因在于选择机制使它们很好地适应了其环境。他们认为一个完整的演化经济学范式应该包括选择单位、选择机制和选择标准以及适应性和变异性，不同的选择单位将影响当事人在个体或者在组织层面能被复制、修改、提高或代际传递；选择标准的多维性使得据此建立演化模型要能说明选择机制；适应性用惯例表示，纳尔逊和温特认为经济学中的惯例类似于生物学中的基因，经济社会中普遍存在的惯例是其遗传、变异的基因，经济变迁问题就是一个显著的变异，当变异出现时，经济学的多样性创新就会出现。

现代演化经济学不再依赖新古典主义，而是以达尔文、拉马克主义重建经济学，更明确地提出了选择机制、系统的自组织理论，并且用经济演化动态地分析产业演化和经济增长等许多实际经济问题。经过一个多世纪的成长，经济演化思逐渐成熟，一些学者认为，演化经济学将成为21世纪经济学的主旋律。

3. 演化经济学的生物隐喻

隐喻方法是指不同的学科通过一个共有的名词将类似但不同的范畴连接起来，使两类知识体系交互作用，在科学间产生新的语义学情境的方法论。

隐喻很早以来就是一种常见的科学研究方法，把一个领域内的方法、方法论、概念及其知识体系等（跨学科或者学科内的），向另一个研究领域内引进、扩展，并使之相结合，直至融合而引发开创性的思维方向（陈劲、王焕祥，2008）。隐喻作为一种思维工具，是科学共同体为了求解难题，突破理论发展概念瓶颈的一种集体约定的结晶，它不仅促进了科学共同体成员之间理解的统一，同时通过新理论假设的提出引导了新的科学预测，推动了科学假设的创立和发展（郭贵春，2004）。经济学也普遍使用隐喻的方法，现代主流经济学的理论体系就是基于对牛顿经典力学的机械类比和隐喻而建立起来的，如一般均衡思想来自拉普拉斯决定论，实证主义就是试图把社会科学建成类似于数学物理学一样的精密科学，正如瓦尔拉写道，“经济学的纯理论在每一方面都是类似于物理数学科学的一种科学”①。新古典经济学这种分析方法过于简化了社会经济现象，是“经验认识论与社会的个体主义本体论灾难性结合”的产物（贾根良，2004）。

演化经济学家发展的最初的动机就是：经济学应该更多地类比于生物学而非物理化学（贾根良，2004）。因此，20 世纪 30 年代以后，演化经济学家开始广泛地使用生物学隐喻来描述经济体系，如基因、变异、选择等名词大量出现在经济学文献中。生物学类比更适合经济学的原因在于：作为人类社会生活中的一部分，经济系统表现出了和生物系统惊人的相似性；生物学和经济学都具有反对本质论和简单还原主义哲学观念。因此，演化经济学之所以可能从生物学隐喻中得到启发，除了人类经济系统和生物系统的同质性之外，更为根本的原因在于两者所坚持的理念基础是相同的（杨虎涛，2006）。演化经济学的生物学隐喻恰当地将相互作用的经济现象与生物现象联系在一起，一方面是由于构成经济现象的主体——人是生物系统中的组成部分，人的行为模式遵循生物进化论的观点；二是经济社会的发展与生物系统的发展一样都是逐渐地从低级向高级不断进化的，在进化的过程中都存在遗传、变异和选择的机制。

---

① 贾根良．演化经济学——经济学革命的策源地［M］．太原：山西人民出版社，2004：67.

(二) 演化经济学的方法论

演化经济学的方法论应该是个体与环境的互动主义,个体行动既受环境的约束和塑造,又能通过互动来调整预期并改变环境(黄凯南,2010)。演化经济学互动主义方法论强调了个人与制度的互动,即适者生存的基本原理,强调在新奇不断创生的经济系统中,只有适应了外部环境的新奇能够保留下来,并能够通过遗传向未来传递。演化经济学的方法论打破新古典经济学在既定环境下研究经济主体最优选择的分析框架,认识到了经济主体的能动性,为经济研究提供了新的思路。

(三) 演化经济学的分析框架

新古典经济学和演化经济学范式的根本差异源自牛顿和达尔文世界观的不同。新古典经济学的奠基者瓦尔拉、杰文斯和帕累托深受经典物理学的影响,在其理论架构上,牛顿力学的时间可逆、类型学思维和机械决定论世界观,也是新古典范式的基本特征。相反,演化经济学的奠基者凡勃伦与现代开拓者纳尔逊和温特都把达尔文主义作为其类比和隐喻的基础,正是达尔文主义首先把时间不可逆、个体群思维和不确定性等引入现代经济科学,特别是非平衡热力学等现代物理学的发展极大地丰富了演化经济学的范式。演化经济学家们认为,达尔文主义为演化经济学提供了基本的分析框架。贾根良(2004)认为演化经济学的分析框架是由遗传、变异和选择这三种机制构成的。

1. 遗传机制

生物学中的遗传是指生物经由基因的传递,使后代获得亲代的特征。遗传使生物世代之间具有连续性和相似性的特征,而决定生物特征的因素还包括环境,以及环境与遗传的交互作用。演化经济学认为社会制度、经济主体行为习惯、组织惯例和组织结构等如生物基因一样,是历史的载体,它们通过学习、模仿、复制而传递。

2. 变异或新奇创生机制

在经济社会中,社会、组织也在生产力发生改变的同时不断地调整,甚至在同一阶段产生了不同的社会制度和意识形态，而只有那些更能适应生产力（经济）发展的社会制度和组织管理惯例再能得以保留。马克思的生产关系适应生产力的论证也佐证了经济演化思想。贾根良（2004）认为就新奇创造而言，它取决于两个因素：个体认知模式的不同和社会制度是否鼓励创新，前者来自个体偏好或知识的主观性质，而后者是“流行的思想习惯”，所有这两个方面都需要一种知识理论。演化经济学认为知识就是惯例的核心要素，而新奇创生是现有要素新组合的结果，由于人们怎样和在什么地方搜寻新知识主要取决于他们知道什么和他们从前做了什么，并不是所有的技术或制度等发展路径都具有同样被探索的机会，新奇创生必定是路径依赖的。因此，在这种情况下，尽管人们无法明确地预见到哪种新奇将创生，但我们仍有可能从正在发生的事情中排除某些结果或行动。企业组织中创新往往是由于社会环境的变化和竞争的需要，社会制度和企业制度的演变是为了适应生产力发展的需要，企业内部扁平组织对垂直组织的替代则是出于竞争的需要。由此可见，新奇创生往往与外部压力相关，但并不是所有的新奇创生都由外部压力决定，闲散心会导致经济主体内部自主的新奇创生，然而多数经济社会中被我们观察到的新奇是和外部压力相关，这就涉及了另外一个问题，即选择机制。

3. 选择机制

生物系统中的选择机制是指在一个特殊的环境中，个体的某一特征如果能够适应该环境，则其地位在群体中的相对地位会上升，其特征也容易被遗传。经济系统中选择机制研究就是变异或新奇为什么、什么时候和怎样才能被传播。

达尔文自然选择的核心原理是生物都有繁殖过剩的倾向，而生存空间和食物是有限的，所以生物必须“为生存而斗争”。在同一种群中的个体存在着变异，那些具有能适应环境的有利变异的个体将存活下来，并繁殖后代，不具有有利变异的个体就被淘汰。如果自然条件的变化是有方向的，则在历史过程中，经过长期的自然选择，微小的变异就得到积累而成为显著的变异。在人类社会的历史长河中，经济学研究的内容和达尔文的自然选择有着惊人的相似，经济学的研究前提也是资源有限，研究的最终目的也是要解决生存和发展的问题。社会制度和组织管理更是与拉马克的“用进废退”相似，无论是社会经济制度还是企业组织惯例，无不与生产力或者外部经济环境相适应，尤其是企业组织的惯例，企业为了获得竞争优势，需要不断地创新，而创新获得的竞争优势又可以通过复制被其他企业所获得，而单个企业在成长的过程中为了适应外部环境，会不断地强化其优势，同时淘汰其劣势。

二、演化经济学的主要理论

（一）新奇创造

新奇创造是生物领域和经济领域不断发展的动力。在闲散心和适应外部环境的驱动下，新奇被不断地创造。不断创造的新奇使生物系统和经济系统由差异化的个体构成。个体与个体、个体与环境不断地相互作用，使生物系统和经济系统成为复杂系统，该系统中由于新奇的不断创造而充满不确定性。生物系统中新奇是在原有遗传基因的基础上创生出来的，经济系统中的新奇则是在原有的知识、惯例等历史的载体上创造出来的，在众多的新奇中只有能够适应外部环境的被保留并可以通过遗传发展下去，因此，新奇创造是推动生物系统和经济系统不断发展的动力。

（二）默会知识（Tacit Knowledge）

默会知识是波兰尼在 1958 年首先在其名著《个体知识》中提出的。默会知识，又称缄默的知识、内隐的知识，主要是相对于显性知识而言的，它是一种只可意会不可言传的知识，是一种经常使用却又不能通过语言文字符号予以清晰表达或直接传递的知识。如我们在做某事的行动中所拥有的知识，这种知识即是所谓的“行动中的知识” （knowledge in action），或者“内在于行动中的知识”（action - inherent knowledge）。“对知识的表达而言，行动是和语言同样根本的表达方式（挪威哲学家格里门）。”默会知识本质上是一种理解力、领悟力、判断力，比如，眼光、鉴别力、趣味、技巧、创造力等。默会知识的特点有：镶嵌于实践活动之中，非命题和语言所能尽，只能在行动中展现、被觉察、被意会；不能以正规的形式加以传递，只能通过学徒制传递；不易大规模积累、储藏和传播；不能加以批判性反思（也有人不同意这一看法，认为默会知识虽然是无法言传的，但却是可以意会的，可意会意味着可提取、可反思、可交流）；默会知识相对于明确知识具有逻辑上的在先性与根源性。默会知识是经济主体对复杂经济现象的一种积极反应的积累，虽然带有主观判断的性质，但也说明了复杂的经济现象很难通过线性决定的方式作出最优的选择，而只能通过历史经验和有限的数据信息作出令人满意的选择。

（三）自组织理论（Self - organization Theory）

自组织理论是一门新兴的、尚属较前沿的理论，兴起于 20 世纪 60 年代，最初主要研究自然科学领域中的系统动态发展问题，近年来社会科学研究开始借鉴其理论。在经济学领域，自组织理论对复杂经济系统的研究，与新古典经济理论简化论、决定论形成了鲜明的对比。

1. 自组织理论的发展

自组织理论源于 L. Von Bertalanfy（1950）对物理和生物系统的论述中，他认为一个系统如果有输出输入则该系统是开放系统，生命系统作为一种开放系统在外部环境变化时一方面保留其能够适应环境的特征，另一方面则去除不能适应环境的特征。普利高津（1967）在研究非平衡态的不可逆过程热力学中，提出了“耗散结构”的概念和理论，并最早提出和使用了“自组织”概念，使自组织理论得以发展。哈肯准确地定义“自组织”为：“如果一个体系在获得空间的、时间的或功能的结构过程中，没有外界的特定干涉，我们便说该体系是自组织的。这里‘特定’一词是指那种结构或功能并非外界强加给体系的，而且外界是以非特定的方式作用于体系的[1]。”

自组织理论由耗散结构理论（Dissipative Structure）、协同学（Synerget-

① Haken H. Information and Self - organization: A Macroscopic Approach to Complex Systems. Berlin &New York: Springer - Verlag, 1988. 11. 转引自吴彤．自组织方法论论纲［J］. 系统辩证学学报，2001（2）.

ics)、突变论（Catastrophe Theory）和超循环理论（Super circle）组成，但基本思想和理论内核可以完全由耗散结构理论和协同学给出。自组织理论以新的基本概念和理论方法研究自然界和人类社会中的复杂现象，并探索复杂现象形成和演化的基本规律。从自然界中非生命的物理、化学过程怎样过渡到有生命的生物现象，到人类社会从低级走向高级的不断进化，都是自组织理论研究的课题。福斯特（1997）和温特（1997）认为自组织理论为演化过程提供了一种抽象的和一般的描述。一个系统自组织功能愈强，其保持和产生新功能的能力也就愈强。例如，人类社会比动物界自组织能力强，人类社会比动物界的功能就高级多了。研究复杂的企业系统的行为，自组织的方法论要求在公司治理中，必须从整体出发，把治理看作是一个复杂的过程而且是自组织演化的过程。企业的发展有其自己的发展演变轨迹，而公司治理应与企业发展相适应。

自组织理论的研究对象主要是复杂自组织系统（生命系统、社会系统）的形成和发展机制问题，即在一定条件下，系统是如何自动地由无序走向有序，由低级有序走向高级有序的。自组织理论研究有限开放的系统在内部非线性作用的强大力量推动下，系统自行组织、最终达到适应环境的、新的有序状态的过程。自组织理论认为大多数情况下，外部力量并不能直接影响系统行为，而是作为一种诱因，即通过引入序参量引发系统内部发生变化，这些变化导致系统自发地组织起来，最终大量微观个体的随机过程表现出宏观有序的现象。

2. 自组织系统的特征

普利高津（1967）论述了耗散结构的开放性、内部非线性作用、远离平衡、涨落变化等特征，为界定自组织系统提供了判断标准。

（1）系统必须是有限开放的。热力学第二定律表明：一个孤立系统的熵一定随时间不断增大，当熵达到极大值时该系统就会达到最无序的非平衡态，而一个系统如果是完全开放，则该系统就会成为另一个系统的组成部分而丧失独立性，因此，只有有限开放的系统才具备自组织的条件。一个系统只有当外部环境向系统输入的物质、能量和信息（获得“负熵”）达到一定阈值时（克服了内部不断增长的“熵”），系统才能从无序走向有序。

（2）系统内存在非线性相互作用。所有有序结构的形成，外界的物质、能量和信息只是一种条件。这些条件虽然是必需的，但却不是针对体系特定部分的，即外界的因素不是线性的决定系统内部的某一要素。由于外部物质、能量和信息是平均供给系统的，而系统却出现了各向异性的对称性破缺，这就反映了体系内部存在非线性相互作用，也是体系演化出有序结构的根本原因。由于系统内部存在非线性的相互作用，通过不断地反馈作用于各子系统，在一定条件下，使各子系统之间出现了相互干预、合作和协同运动的集体效应。虽然各子系统之间存在差异，子系统内部也可能存在无序状态，但集体效应却使系统在宏观上呈现出时间上、空间上或功能上的有序稳定结构。

（3）系统处在远离平衡的非平衡态。普利高津（1967）认为，处于平衡态和接近平衡态（线性平衡）的系统总的趋势是趋向无序，形成自组织系统的另一个必要条件是外部力量必须使开放系统跃出非平衡线性区，到达远离平衡态的区域。自组织系统作为一个能与外界进行信息、能量和物质交换的系统，只有在非平衡态条件下才能形成。在自组织内部不断产生“熵”的同时，只有不断地从外界获得“负熵”，才能不断地进行新陈代谢。

（4）存在涨落。涨落，是指由于系统内各要素的独立运动或在局部产生的协同运动以及环境因素的随机干扰，使系统的实际状态值偏离平均值的幅度。涨落是偶然的、杂乱无章的、随机的。在正常情况下，由于系统比较稳定，涨落对系统的演化所起的作用微乎其微。当系统处在由一种稳态向另一种稳态跃迁时，系统要素间的独立运动和协同运动进入均势阶段时，任一微小的涨落都会迅速被放大为波及整个系统的巨大涨落，推动系统进入有序状态。当新的稳定态出现后，涨落的作用又变得微乎其微，不再产生影响系统的宏观行为。因此，涨落是驱动系统从无序向有序发展的决定力量。

三、演化经济学的主要观点

（一）经济主体的有限理性及其异质性

新古典经济学假设“经济人”是完全理性的，以利润（或者是效用）

最大化为行动的唯一目标。完全理性意味着“经济人”掌握了所有与最优决策有关的知识和信息，并能运用这些知识和信息来指导自己的行动，即完全掌握信息并具备完美处理信息的能力。在“经济人”假设下，新古典经济学认为经济主体都是同质的，即偏好、能力、掌握的信息都是一样的，在最大化目标的指引下，经济主体的行为也是一致的，因此，在构建其价格模型时，通常由某一企业代表所有的企业，某一个家庭（个人）代表所有的家庭（个人）。在现实经济社会中，企业之间、个人之间存在很大的差异。忽视了微观主体的差异性、强调数理模型分析的研究方法使新古典经济学成为“黑板经济学”。

演化经济学认为“经济主体是存在差异的，人的知识和计算能力不仅有限而且各不相同”；许多人还具有默会知识，这种知识是不可测的和不可比的。在演化经济理论中，微观经济主体拥有的知识在演化过程中不断得到丰富和发展的，同时，演化经济学还涉及包括价值观在内的主观因素。个体的行为及其与群体之间的关系可以得到单独的刻画，从个人行为到集体行为的形成机制以及其中涉及的组织和制度因素都在演化经济学中得到了反映。仔细观察经济演化过程，从短期来看，存在高度差异性的经济系统比没有差异性或差异性不显著的系统运行表现好，而且从长期来看，正是这种差异性，才产生了创新的动力，从而引发长期的经济增长。因此，演化经济学能够真实地反映经济行为主体的多样性及其复杂的相互作用关系，这是对人与人关系研究的回归，它所提供的解释比新古典经济学更深刻，更贴近实际，更有说服力。演化经济学则借用了生物进化的思想，认为个体的差异和创新可以转变成社会经济运行方式，从而导致社会经济生存方式的转变。

（二）经济过程的非均衡性

新古典经济学的一般均衡理论和博弈论是其均衡分析的基础，而演化经济学强调演化分析的方法。新古典经济学价格理论强调市场机制对一般均衡的实现起着决定作用，只要其假设条件满足，经济系统可以自动实现均衡。新古典经济学只强调了均衡是经济系统的最终结果，而忽视均衡的实现过程。熊彼特认识到新古典经济学的这种缺陷，他指出经济增长的主要动力是企业为了获得超常利润而引进的突破性发明，他解释了产业内部企业垄断地位的源泉。新古典经济学的均衡分析忽视了经济发展的动力和来源，演化经济学新奇的创生解释了经济演化发展的一般原因和动力，在新奇不断创生的过程中，经济发展是不均衡的，也正是这种不均衡（自组织理论中的涨落）才使经济系统和经济主体具有不断改进的动力，才能使经济系统不断发展。

（三）时间的不可逆性

新古典经济学忽视了时间有关的问题研究，他们即使讨论时间问题，也把时间看成是对称的或可逆的。演化经济学认为只有那些社会经济生活中不可逆的变化才是根本变化，这些变化构成了经济社会本质的运动，这些运动形成了经济社会自己发展的历程，时间是经济理论的内生变量（高鸿业，2004）。演化经济学认为，社会经济过程是不可逆的，过去的时间与未来的时间是不对称的，不能互相转换，社会经济过程与生物进化过程的不可逆性极为类似。

演化经济学认为时间和历史是至关重要的。在有限理性的约束下，每个企业都不能准确预知未来并作出最佳决策，只能根据自己现有的信息，在对未来进行预测的基础上进行决策，因此，经济主体过去的历史会对今天的现实产生决定性的影响，同样，现在的行动也会对未来的决策产生影响，如英美过去注重直接融资的政策就决定了其外部主导型的公司治理模式。不同的决策者在决策的过程中，受到其历史的、文化的影响，在面临同样的决策时会选择不同的方案，因此，经济演化的结果不是唯一的。各个国家经济发展的先后顺序不同，甚至选择的社会制度也不相同，因此，不同的演化过程将导致不同的结果，即时间和过程在经济演化中起着关键的作用。演化经济学假定企业的决策是连续的，每个企业决策时充分考虑未来的预期及竞争对手的选择，企业行为直接或间接地相互影响，企业可以学习模仿竞争对手的行为，改进自身的行为，因此，时间在企业演化过程中起着关键的作用。

（四）随机因素的重要性

演化经济学新奇的创生机制使经济系统充满了不确定性和随机因素。不确定性和随机因素是人们对于自身所处环境的一种能动性的反应。在经济行为主体总是处在相互联系的社会经济系统中，任何个人或组织都要受制于与之相互作用的个人或组织的行为和策略的影响，从而使企业的行为结果及未来的后续行为决策充满了不确定性，这也使经济学中充满蝴蝶效应。

新古典经济学往往把不确定因素当作是一种偶然的扰动（或者冲击），为了构建其一般均衡模型，这些随机的偶然因素都可以被忽略掉。演化经济学认为随机因素和筛选机制都起着关键的作用，特别是决策和搜寻革新过程。演化过程通常被看成为一种试错过程，在面临环境变化时由于个体的差异性，为了适应环境的变化可能会有很多的新奇被创造出来，并且这些新奇是随机的，而选择机制使个别的新奇被保留下来。在多数情况下，用概率分布来描述这种随机创造的新奇是不可能的，随机和不确定性的新奇创造使长期最优化决策难以实现，演化过程的长期趋势很难预测，但如果筛选过程的适应性标准确定，并且在一定时期内没有突破性的新技术出现，演化过程又呈现一定的规律性，从某种程度上讲，演化过程的长期趋势又是可预测的。

第三节　演化经济学企业理论及公司治理

一、企业的演化理论

（一）传统企业理论

1. 新古典经济学厂商理论

新古典经济学企业理论一般被称为“厂商理论（Firm Theory）”，作为微观经济理论分支的企业理论认为：企业是一个独立的微观经济主体，企业行为可由生产函数来反映；利润最大化或者企业价值最大化是企业经营目标；企业拥有完全信息，这些信息包括所有产品的生产函数、所有产品的价格

（包括中间产品和原材料，并且价格在完全竞争的市场中是不变的）、工资和资本的价格和组织生产的知识；厂商行为就是在所有可能的生产决策选项中，通过比较选择可以实现企业目标的决策方案。

新古典经济学是一种专门研究市场机制运作的经济理论，它把市场之外的其他经济组织形式置于视野之外，根本不讨论企业内的制度结构，而满足于把企业当作一个追求利润最大化的市场行为主体（荣兆梓，1995）。对新古典经济学企业理论的批评来自很多方面，如依靠“完全信息”的“完全理性”的“经济人”是包括厂商的，企业的决策者（企业家或者管理者）在完全信息的条件下只需要进行简单的对比就可以实现企业利润最大化的目标，这是和现实严重不符合的。严格意义上讲新古典经济学是没有企业理论的，它没有解决企业理论的价格关键问题，而只是把企业看作市场机制中的一个点，即企业成了一个无须研究的“黑箱”，这种简化的思维是新古典经济学典型的分析问题的方式。随着经济学的发展，交易费用、信息、博弈等经济学概念频繁地出现在经济学文献中，企业理论才逐渐形成较完整的体系。

2. 新制度经济学契约理论

科斯（1937）通过对企业内部的科层结构与企业外部的市场机制的运作效率比较，指出了二者在资源配置上的替代关系；通过引入交易成本开创性地研究企业的存在和边界问题。科斯认为市场和企业是两种不同的但可以相互替代的资源配置方式，市场通过价格机制进行资源配置，而企业通过组织内部的权威或计划来配置资源。企业产生的原因在于市场配置资源是有成本的，这些交易成本包括谈判的成本、签订合同的成本、市场交易的税收等，企业的生产要素在通过一次性谈判达成较稳定的合约以后便可以运用权威关系来进行协调和配置，避免了每次资源配置都要进行谈判而发生交易成本，因而可以节省交易成本。企业内部配置资源也是有成本的，随着企业配置资源的种类、数量的增加，管理成本上升，一旦企业内部组织交易的成本等于市场上的交易成本，则企业的规模不再扩大。科斯的企业理论是用企业家的控制权代替了市场机制，用长期合同代替了短期合同，在企业配置资源比市场配置资源更有效率时企业出现（或者企业规模扩大），反之企业退出（或者企业规模缩小）。威廉姆森（1975）随后对交易成本理论进行了拓展，他认为一项交易其费用取决于资产的专用性、有限理性、机会主义和交易频率，当市场交易成本比企业内部交易成本高时，交易倾向于在企业内部进行。

阿里钦和德姆塞茨（1972）对企业进行了细致的制度分析，强调企业生产的“团队”特征，认为团队生产可以获得递增的规模效益，但是团队生产难于确定和计量团队成员在联合生产时对总产出的贡献，因此，为了克服团队生产中的“搭便车”和“偷懒”行为，就需要专门的成员去监督其他成员。这就产生了谁来监督的问题，产权概念的提出解决谁是监督者的问题，赋予企业家剩余索取权和剩余控制权，使其专业化于监督职责可以有效减少团队成员的“搭便车”和“偷懒”行为。阿里奇安和德姆塞茨的企业理论阐述了现代企业可以通过产权的安排或者调整，实现对企业内部成员的激励和降低交易成本，从而提高了企业的生产效率。

新制度经济学企业理论还包括委托－代理理论、契约理论（这些理论涉及公司治理的理论基础，前面已有所阐述）等，其基本的分析方法是静态分析和均衡分析，注重制度安排产生的激励效果。新制度经济学丰富了西方主流经济理论，但其分析工具和方法论，依然停留在个人主义方法论和静态均衡分析上，这就给演化经济学企业理论留下了发展空间。

（二）演化经济学的企业理论

演化经济学突破了传统企业理论静态均衡和最优化的分析思路，着重分析企业的异质性，解决了新古典经济学和新制度经济学没有解释的问题，如企业为什么不同？为什么企业表现出不同的增长率？为什么企业之间，甚至是同一产业内部的企业，也拥有不同的战略、边界和组织结构？

1. 企业的能力理论

企业的能力理论起源于古典经济学，斯密（1776）认为通过劳动分工和提高熟练程度可以实现技能的积累和提升，即劳动生产率的提高，揭示了企业能力的动态增长趋势和个人能力逐渐提高的过程。马歇尔（1925）对此进行了拓展，认为企业在不断协调和整合专业化分工增加所带来的组织协调问题时，需要不断设计新的管理职能，因此，推动了企业的不断进化和成长，并且专业化分工所引起的技能与知识的积累不仅发生在企业内部，而且发生在产业中，发生在整个社会中。单个企业的成长和衰落是经常性的，而一个产业则可以经受长期的波动，甚至会出现长期平稳向前发展的态势。

新古典经济学研究框架逐渐离开生产领域而致力于研究市场机制，忽视了古典经济学中的动态观点和思想。演化经济学在批评新古典经济学静态分析方法时，提出了企业的资源基础论，以后又以此为基础发展成了企业的核心能力理论。企业的资源基础理论认为企业是一个生产资源的集合，管理决策在于解决有限资源在不同用途上的分配问题。企业的资源可以产生服务，而资源及其服务是企业专业化的基础，由于各个企业资源具有差异性，且这种差异性不能通过市场交易获得而明显带有稀缺的特征，利用稀缺资源，企业可以生产出相比其他企业而言成本显著低、质量高的产品，从而获得竞争优势（潘罗斯，1959）。

企业资源基础观的企业理论认为企业所控制的战略资源不同，导致企业之间是有差异的，即企业的异质性。非竞争性的战略资源由于无法通过市场交易从外部获得，因此，企业之间的异质性可以长期保存下去。正是这些不能交易、难于模仿和复制的资源本身带有的稀缺性为企业带来了垄断利润，为了获得垄断利润企业只有不断地在其内部积累这种异质性，因此，学习成为企业获取持续竞争优势的唯一途径。在学习的过程中不断积累知识和技能，这就形成了企业获得竞争优势的资源（陈劲、王焕祥，2008）。

企业的核心能力理论是以资源基础观为基础的，核心能力是指一种在企业中共享的协调分散的生产技巧和综合企业内部多样化的技术知识，这种技巧和知识具有稀缺性、可延展性、难于模仿和复制等特征。核心能力可以使企业具有能为顾客创造独特价值的技术和技能，也使企业区别于其他企业。核心能力还随着外部环境的变化不断衍生出新的产品或者服务，从而催生新的产业。

2. 企业演化的惯例理论

演化经济学认为企业拥有惯例或能力，惯例具有类似基因的功能，它是组织的记忆，执行传递技能和信息的功能。惯例是指企业的行为模式是有规律的、可预测的、程序化的，在默会知识的指导下自动进行选择、控制、复制和模仿。纳尔逊和温特认为惯例是企业持久不变的特点，并决定企业的行为，企业及其衍生出来的企业具有很多相似的特点，即惯例是可以复制和继承的（基因的遗传）。按照惯例的定义，在很大程度上，惯例以生物学中基因的作用“指示”企业的行为方式，并且“指示”不必被企业的所有成员有意识地遵循，甚至企业成员根本没有感觉到它的存在（陈劲、王焕祥，2008）。

在企业中存在不同层次的惯例，第一类惯例是短期内不易调整的生产要素决定了企业所从事的经营活动，即经营特点；第二类惯例是决定企业资本量的决策规则，即选择标准；第三类惯例是较高层次的决策程序规则体系，即价值观念。企业的这些惯例具有记忆、可复制和技巧的特征。记忆的特征是指惯例存储着企业成功的生产和技术等知识，并且可以在企业的员工之间流动，新员工的引入会导致惯例的突变；惯例的可复制特征是指企业的合并、分立甚至是企业原有的员工重新组建新的企业，都会继承原有企业的惯例；惯例的技巧特征是指企业在运作协调中类似于人的某种技巧，这种是需要练习的，一旦学会则可以自动完成，即技巧通常是默会知识（Tacit Knowledge），无法被清晰地表达出来。管理学认为企业的这种惯例是企业文化的一部分，在企业长期的运作实践中逐渐沉淀下来的价值观念成为企业文化的核心，并且可以自动左右企业成员的行为，协调一致可以提高运营效率，降低企业的运营成本。企业的惯例多数表现在企业协调各种利益关系、权力分配上，在企业科层结构中存在复杂的权利分配、利益关系，这些问题如果没有得到合理安排，就会导致企业内部资源的无为消耗，增加企业运营成本，甚至导致企业生产成本增加、创新能力不足等问题。随着企业规模的扩大这些问题就越来越突出，大型企业的管理者往往主要精力就是协调处理这些利益关系和权力分配，管理学的艺术性也就表现在这里。因此，惯例在企业的运作中起着重要的作用。

总之，演化经济学认为企业是一个知识的贮存库，通过应用解决问题的技巧和行为规则，知识得以产生、复制和增长。知识具有社会性、意会性和路径依赖性，它使一个企业从根本上区别于其他企业。当企业的知识存量具有较高的效率时，就可以在产品市场上产生租金，进而创造竞争优势（刘辉锋，2005）。

二、公司治理的复杂性及演化分析

演化经济学对公司治理的研究文献并不多见，国外一些学者利用路径依赖理论对公司治理模式演化过程进行了分析，在演化经济学还不完善的情况下，依照演化经济学生物类比和隐喻的方法，结合演化企业理论，本书尝试在演化经济学视野下研究公司治理产生的原因、公司治理的方法和途径，并尽力发掘公司治理模式演变的规律。

（一）公司治理的复杂性

随着现代企业制度的建立，公司治理问题成为现代企业理论无法回避的问题。几十年来关于公司治理的文献可谓汗牛充栋，无论是国际经济组织还是各国立法也都试图对公司治理进行规范，以求解决企业发展的障碍，然而无论是发达国家还是发展中国家公司治理的问题和案件依然层出不穷，究其原因在于多数的公司治理文献依然局限在新制度经济学的分析框架之下，治理立法或者原则又是依据这些公司治理理论制定的。新制度经济学简化还原论忽视了影响公司治理的复杂性、多样性和偶然因素等问题，设计的激励机制不能解决经济主体之间的利益冲突，约束机制也不能完全避免代理人侵害委托人的利益。要想更清楚地认识公司治理问题，必须从公司治理的复杂性着手。公司治理问题的复杂性主要看以下几个方面。

1. 公司治理形式的多样性

公司治理形式的多样性源于企业的复杂性，甘德安（2010）认为企业是一个功能、目标众多的复杂适应系统。企业的这种复杂性表现在环境的复杂性和不确定性；组织系统的多层级、多单元和多目标的复杂性；预测、决策、控制的非线性和非确定性；信息的非对称性，企业系统的非平衡性和混沌性，以及企业内外各种因素交互作用，使企业不得不进行复杂性的自适应过程等。可以说，复杂性已成为企业生成、经营、成长与传承的根本性问题。

企业的复杂性必然带来公司治理形式的多样性，国别之间存在英美模式、日德模式和家族治理模式等不同的治理模式；国内企业经营性质和组织结构的不同，导致了国有上市公司、家族企业、金融企业等不同类型的公司治理各有其特点。这些公司治理现象都说明了现代企业制度的形式虽然只有有限责任和股份有限公司两种形式，但是公司内部结构却是多种多样的，因此，公司治理也是复杂的，没有统一的、最优的结构或机制。公司的外部经济环境、文化环境不同，导致了不同的公司治理结构或机制，公司内部资源和能力的不同亦产生了多样化的权力利益关系，因此，需要有针对性地设计公司治理结构和机制。

企业作为各种要素的结合体，为了有效利用各种要素以产生协同效应，只有通过有效的激励手段才能使各种要素发挥最大的潜能，提高企业整体的运作效率获得尽可能多的产出。每个企业所处的行业不同，要素的配置、比例和作用也不同，甚至于同行业的企业要素的配置、比例和作用也不尽相同，这就使不同的企业具有不同的特征，即企业具有异质性的特征。存在差异的公司其治理就需要多样性的结构和机制与之相适应。同一个企业不同发展阶段各要素的配置、比例和作用也不同，即企业是动态发展的，公司治理在企业动态发展的过程中也应作出相应的调整以与之相适应。

2. 企业内部复杂的经济关系

企业内部复杂的经济关系一方面来自构成企业的各种要素在不同的企业中数量、特色和协作关系的不同，各要素的主体出于自身利益的考虑不断地进行不完全信息的重复博弈，每轮博弈的均衡也是不相同的。组成企业的各种要素在企业发展的过程中为了适应不同的外部经济环境，其要素的构成比例、贡献程度也会发生动态的变化，如在一国工业化的初期，财务资本作为稀缺要素其贡献相对突出，而在后工业时代智力资本则显得更加重要。甚至在同一时期，不同的企业发展程度不同，各种要素的稀缺程度、贡献程度也不尽相同，这就要求要素在参与企业分配的过程中不断地调整权力配置、利益分配等涉及公司治理的内容。

企业内部复杂的经济关系另一方面来自内部复杂的科层关系。现代企业尤其是上市公司规模庞大、科层关系复杂，并且在层与层之间存在不同程度的授权，形成了多重委托－代理关系。在“经济人”和不完全信息的假设条件下，多重委托－代理关系不仅仅是单层委托－代理关系的简单叠加，而是存在层与层之间、隔层之间相互的、错综复杂经济利益关系，这就使简单的激励和约束机制在复杂的经济关系面前很难发挥其作用。

（二）公司治理问题产生原因的演化分析

新古典经济学对公司治理问题的阐述基本上抓住了问题的本质，符合现代企业运营的客观现实。在演化经济学还不成熟的现阶段，其对公司治理问题产生还缺乏解释力，但按照演化经济学的分析思路和框架，也不难从新的视角审视公司治理问题产生的根源。从企业制度动态发展的过程看，古典企业制度规模小、要素种类单一，内部的经济利益关系简单，权力配置和利益分配简单，甚至权力基本集中，利益分配单一。随着生产力的不断发展，需要集中多种要素进行社会化大生产，各种要素在生产过程中的贡献不同、效率不同以及权力配置不均衡就容易产生公司治理问题，即某一要素主体（管理要素的提供者，即代理人）侵占其他要素主体的利益的现象。产生这种现象的根本原因在于现实经济条件下，微观经济主体的需求层次不高，即处在追求经济利益的层次，在信息不完全的条件下，拥有信息优势的某一要素的主体就有动机和条件侵害其他要素主体的经济利益。

企业资源基础观表明在企业发展的过程中，传统企业所需资源单一，资源的所有者又是企业的实际控制人，而现代企业中资源复杂，包括财务资本、人力资本、社会资本等要素，为了提高运营效率企业的实际控制者只能是某一要素的所有者，这就容易使该要素的所有者侵害其他要素主体的经济利益。

（三）公司治理问题的解决机理

在演化经济学的分析框架内，公司治理问题的解决要遵循这样的步骤和原则。首先，要认识到公司的个体差异，针对不同的要素组合方式和要素贡献能力设计激励相容的利益分配，并进行相应的权利配置。即使是同一行业的不同企业其竞争优势、生存能力也不尽相同。各种要素在企业整体运作中的贡献不同，因此，公司治理机制的设计不能采用统一结构和模式，而是要根据企业的具体情况寻找解决公司治理问题的有效机制、手段。在公司异质性假设的前提条件下，公司治理作为一种解决公司内部消耗、提升企业运作效率的手段，具有自组织适应性，后面将详细论述。

其次，在公司治理制度路径依赖的基础上考虑新奇的产生对公司治理机制的影响。现代企业制度和公司治理问题都是在一定的历史阶段产生的，企业的发展和公司治理也都带有路径依赖的特征。现代企业制度脱胎于古典企业制度，公司治理问题的产生对于古典企业而言是一种新奇，为了解决这种新奇带来的代理问题，公司治理应运而生。公司治理作为一系列制度，在发展的过程中由于报酬递增等原因而具有路径依赖的特征。公司治理发展过程中，新奇不断涌现。新奇的产生表面上看是偶然因素，但其实质依然由生产力的发展所决定。在社会生产力不断进步的过程中，新奇将不断涌现，这就需要公司治理能够与时俱进，在新奇不断创生的同时，不断修正公司治理的机制、手段与之相适应。

再次，公司治理机制的设计应注重与外部制度的互补。公司治理问题的产生有外部制度、条件的因素，如信息传递机制、社会价值观等，也有企业内部运作的因素，因此，公司治理的设计要注重和外部制度的互补，系统解决公司治理问题。

最后，公司治理是个历史范畴。随着社会生产力的不断发展，经济主体的需求层次的不断提高，某一要素的主体侵害其他要素主体经济利益的问题将不再发生。随着生产力的进步，为了适应社会化大生产的需要，公司制企业产生于资本主义社会，在三权分离的情况下产生了公司治理的问题。在生产力持续发展的将来，无论是国家还是企业，其组织形式也将不断地演化，公司制企业，甚至是所有的企业都会被新的生产组织所取代，公司治理问题将失去存在的基础。另外，随着经济社会的不断发展，经济主体的需求层次将不断提高，马斯洛最高需求层次强调人的自我实现而不是追求效用最大化，此时，经济利益不再是人们追求的目标，则侵害他人经济利益的动机将不复存在。马克思认为，在人类社会的高级阶段—共产主义社会中，生产力高度发达，人们具备高度的自觉性。高度的自觉性使人们在主观上没有侵害别人利益的动机，发达的生产力使人们在客观上不需要侵害别人的利益。因此，公司治理产生的主观动机和客观条件都将最终得到解决，公司治理问题将成为历史。

第三章 “经济人”的动态性与公司治理

对微观经济主体——人的研究，一直是经济理论的出发点。对人的不同认识也是区分经济学流派的重要标志，演化经济学认识到人的动机和行为是动态发展的，所以区别于新古典经济学的静态分析。

第一节 “经济人”假设与批判

一、“经济人”假设的提出及发展

（一）“经济人”假设的提出

“经济人”这一抽象的名词是由意大利经济学家帕累托第一次明确地引入经济学中的[①]。作为西方主流经济学的基本前提假设之一的“经济人”假设，是对现实生活中微观经济主体（包括人和企业，可以理解为自然人和法人）的高度抽象。对人的自利性的最早的表述是荷兰经济学家曼德维尔（Bernard Mandeville），他在1714年出版的《蜜蜂的寓言》一书中表明：在

① 杨春学．关于经济人假说及其争论[J]．学习与探索，1991（4）．

强制性的行为限制中，个人为追求自身利益的行为可能会推进整个社会的福利，并构建古典经济学若干基本假设和信念[①]。其后，斯密在《国民财富的性质和原因的研究》一书中写道“我们每天所需的食料和饮料，不是出自屠户、酿酒家或烙面师的恩惠，而是出于他们自利的打算[②]”。“他通常既不打算促进公共的利益，也不知道他自己是在什么程度上促进那种利益……他只是盘算他自己的安全；由于他管理产业方式目的在于使其生产物的价值能达到最大程度，他所盘算的也只是他自己的利益[③]。”以此为基础，对“经济人”的描述逐渐清晰，并成为经济学研究的出发点。

（二）“经济人”假设的发展

1. 古典“经济人”

斯密的论述建立了“经济人”的基本内容：“经济人”具有自利性，每个人参与经济活动的目的在于寻求个人利益最大化；在良好的法律和制度保证下，个人追求自身利益最大化的行为会在“看不见的手”的引导下无意而有效地增进社会公共利益。

以斯密为代表的古典经济学，对“经济人”假设是粗糙的，主要表现在：第一，没有把最大化假设扩展到消费者行为，而把消费者视为表现出社会学上的行为特性的人群；第二，把产出最大化等同于利润最大化；第三，对于个人追求最大化的行为如何导致公共利益最大化的机制缺乏精确的论证[④]。古典经济学虽然对“经济人”假说进行了零星的思考和完善，但终究没有给出清晰的理论思考和合乎逻辑的说明。

2. 新古典“经济人”

新古典经济学继承了古典经济学“经济人”假设，强调个人的自身利益

---

① ［荷］伯纳德·曼德维尔．蜜蜂的语言：私人的恶德，公众的利益［M］．北京：中国社会科学出版社，2002.

② ［英］亚当·斯密．郭大力，等，译．国民财富的性质和原因的研究（下）［M］．北京：商务印书馆，1972：14.

③ ［英］亚当·斯密．郭大力，等，译．国民财富的性质和原因的研究（下）［M］．北京：商务印书馆，1972：27.

④ 杨春学．论“经济人”假说的发展与完善[J].云南财贸学院学报，1992（2）.

和理性行为特征。穆勒（1848）强调自私和完全理性，把“经济人”描绘成会算计、有创造性、能寻求自身利益最大化的人，使古典“经济人”向新古典“经济人”开始过渡。

新古典经济学利用边际分析法对“经济人”如何实现最大化目标，进行了严格的论证，并把“经济人”引入消费者领域，根据消费者边际效用递减规律，给出了消费者获得最大的效用或满足的条件。

3. “新经济人”假设

新制度经济学认识到新古典经济学“经济人”假设的形式化使经济学对人的行为分析日益走向贫乏，企业被模型化为一个生产函数。为了建立真正的企业理论，新制度经济学对新古典经济学“经济人”假设进行了修正，提出了“新经济人”假设。“新经济人”的行为目标不再是单纯的经济利益最大化，而是效用最大化，即人的效用函数中不仅包括货币收入、物质享受等纯经济利益，还包括尊严、名誉、社会地位等不能用经济尺度衡量的利益。在交易成本的约束下，信息的获得和处理都是有成本的，因此，“新经济人”不再是完全理性，而是现实化为有限理性。威廉姆森认为有限理性使契约不完备，进而会增加交易费用，因此需要设计良好的公司治理结构降低交易费用。在信息不完全的条件下，“新经济人”在追求自身效用最大化的过程中，会随机应变地采取各种手段作出投机取巧、欺诈等“机会主义”行为。

（三）“经济人”假设的核心内容

1. 自利原则

“经济人”假设认为自利是“经济人”行为的动机，即追求自身利益是驱动人的经济行为的根本原因。自利和自利行为是由人本身的生物学和心理学所决定。穆勒依据西尼尔所提出的个人经济利益最大化公理对斯密关于人类行为的看法进行了形式化的处理，从人类行为的各种动机中抽象出经济动机——财富最大化的动机，从而奠定了自利原则①。新古典经济学抽象出人的自利与自利行为，确定了经济主体选择的唯一标准，使经济行为简单清晰

---

① 朱富强．主流经济学中的“经济人”：内涵演变及其缺陷审视[J].财经研究，2009（4）．

化，避免了微观主体利己与利他的矛盾而导致行为不一致，从而将其理论重点放在市场机制的设计以确保实现一般均衡。

2. 最大化原则

马歇尔等新古典经济学家承接了边沁关于“幸福与痛苦”的功利主义道德哲学，同时引进了实证主义的“行为”概念，确立了最大化原则①。西方经济学认为“经济人”能够综合考虑市场环境、自身条件（收入、资源等约束）和自身偏好，根据自己的知识和经验做出合理的选择，获得最大化效用（或者最大化利润）。“经济人”对效用最大化的追求与时间价值紧密相关，个人决定自己的资源组合，以期在一定收入和时间内求得效用的最大化。最大化原则建立在信息完全和市场无摩擦的前提条件下，只有“经济人”掌握所有影响决策的信息，并根据完全理性的既定偏好确立选择标准，最终作出可以使其获得最大化利润或者效用的选择。最大化原则，严格的前提使其成为被批评的焦点。

3. 法律和制度

良好的法律和制度的保证，“经济人”追求个人利益最大化会增进社会的公共利益，而不合理的制度必然导致“经济人”以不正当的方式追求自身的利益，最终的结果则是相反的。曼德维尔在《蜜蜂的寓言》中强调个人追求自身利益的行为，只有在政府的限制下才能转化为公共利益。“经济人”在追求自身经济利益的过程中只有良好的法律和制度的保证，才能约束竞争的合理行为和方式，即按照“己所不欲勿施于人”的原则建立良好的市场机制，才能实现社会的良好秩序，实现帕累托最优。因此，西方经济学强调国家的主要作用就是“守夜人”，保证各经济主体的产权不受侵害。

（四）“经济人”假设的理论价值

“经济人”假设作为对参与市场经济活动主体——人的抽象概括，为解释经济主体在利益驱动下的经济行为提供了规范的前提。现实表明，“经济人”假设使经济学理论研究的公理化、逻辑化成为可能，使经济学成为一门

① 朱富强. 主流经济学中的“经济人”：内涵演变及其缺陷审视［J］. 财经研究，2009（4）.

独立的学科。库恩（Thomas S. Kuhn，1962）在《科学革命的结构》中指出，一门学科之所以成为科学，范式是必要条件，也其成熟的标志，没有形成范式的学科严格地说只能被称为“前科学”，一旦有了共同的范式，一门学科就由前科学进入科学时期，“经济人”是经济学的第一个“范式”。正是斯密提出的“经济人”假设满足了“范式”的要求，才使经济学独立出来成为一门独立的学科。

“经济人”假设从人与人复杂的社会关系中提炼出简单的经济关系，将经济主体的行为选择标准简化，尤其在商业时代，便于从本质上把握人与人之间在资源稀缺约束下的竞争关系。“经济人”假设也使数学顺利地进入经济学的研究领域，甚至在当代更是深入经济学的各个研究领域，成为主流的研究方法。在“经济人”假设的基石上，西方主流经济学建立起规范的宏微观经济学体系，使其成为指导国家政策制定和微观经济主体行为的主要依据。

二、“经济人”假设的批判

作为西方主流经济学研究出发点的“经济人”假设，为经济学的理论研究提供了一个共同的范式，使其成为一门独立的科学。在“经济人”假设的范式下，经济学在研究经济问题以及人的经济行为时，可以不需要考虑其他的影响因素，把人在经济意义上的特点抽象出来，使经济学对人的行为分析大大简化了。当然，简化方式作为一种相对抽象的预设方法，任何关于人的假设都是有局限性的，“经济人”完全理性、完全自利等假设也因其与现实的不相符合而不断受到质疑和批评。先后有马克思主义经济学、新制度经济学、行为经济学、博弈论等诸多经济学流派或学说都直接或间接地对“经济人”假设进行了批判。

（一）对经济人“利己”的质疑

斯密在描述“屠户、酿酒家或烙面师自利的打算”的同时，也看到了“人，不管被认为是多么的自私，在他人性中显然还有一些原理，促使他关心他人的命运，使他人的幸福成为他的幸福必备的条件，尽管除了看到他人幸福他自己也觉得快乐之外，他从他人的幸福中得不到任何其他好处[①]”。斯密在经济领域确认人的自私自利行为，而又在道德领域确认人的同情心和利他行为，形成了“经济－道德”二元悖论。19世纪晚期德国历史学派和奥地利学派展开了关于“利己与利他”问题的争论。德国历史学派指出，“经济人”的“利己”性被视为其经济行为的唯一动机，那么人们在受到道德和情感等诸多方面动机激励下去追求的社会利益将被排除在外，这显然是不符合事实和有悖常理的，因此，认为抽象的“经济人”没有涵盖真实人的动机和复杂性。为了解决二元悖论，贝克尔（Gary Stanley Becker，1976）甚至把“利他”的行为写进了个人效用函数，指出人在实现自身利益最大化的过程包含“利他”的行为会更符合实际，使“经济人”看起来更能接近现实生活中的人。

（二）对“最大化利益”的质疑

无论是西蒙的“有限理性”还是莱宾斯坦（Harvey Leibenstein）的“X效率理论”都对“经济人”最大化利益进行了质疑和批判。西蒙认为不完全信息和处理信息的费用及能力等因素制约着“经济人”作出获得“最大化利益”的决策，这些约束条件使“经济人”只能获得“满意的利益”。莱宾斯坦（1966）认为，“X”代表造成低效率的一切因素，包括生产组织内部由于缺乏有效利用各种经济机会的动力而错过了充分利用现有资源的机会而造成了生产效率的低下。对于最大化的质疑来自对信息不完全的认识，在交易成本存在的情况下，经济主体不可能不考虑信息的获取成本和决策的收益之间的对比关系，获取完全信息的高昂成本阻碍了或者降低了经济主体最优决策收益，因此，经济主体往往只利用有限的信息获得“满意的利益”。

（三）对单纯经济利益的质疑

古典经济学中关于“经济人”的论述并没有把其社会属性完全抽象掉，而是对当时资产者现实形象的描述，是带有社会属性的现实人的抽象（刘凤

① ［英］亚当·斯密．谢宗林，译．道德情操论［M］．北京：中央编译出版社，2010：（2）．

义，2008)。新古典经济则把“经济人”的社会属性完全抽象掉了，“经济人”假设中不再包括道德等非经济因素了。然而现实中的人总是存在于一定的社会环境之中，道德、伦理等因素通过渗透到人与自然、人与社会的关系中影响着人的行为，也只有认识到人的社会属性才能做到人与自然、人与社会的和谐发展，这才是实现个体利益的重要前提和保证。“经济人”假设将人类行为狭隘化是当代经济理论上的一个主要缺陷，经济学更应该“关注真实的人”。经济学中的帕累托最优，如果没有伦理、道德和法制的保障，在简单的自利动机或人类行为假设之下，实际上是一种“乌托邦”式的空想。

三、演化经济学对人的认识

(一) 演化经济学认识到人的动态性

演化经济学学派林立，还没有形成统一的范式，不同学派对人的认识不尽相同，但都强调了“经济人”的差异性和动态变化的特征。

老制度学派以“整体主义方法论”为基础提出了“制度人”假设。凡勃伦认为新古典主义的“经济人”假设局限于其静态均衡的分析方法，提出了“技术－制度”二分法的分析框架，认为人的行为受技术和制度的影响。老制度学派认为人不能独立于文化之外而生存，其行动受文化的制约，文化对人的价值和理性都会产生重要的影响，认为“制度人”是文化的理性个人。“制度人”的行为偏好受制度的影响。个人行为是制度变量高度复杂的函数，并且具有整体不稳定特征。“制度人”的选择行为受非理性的适应过程影响，人们遵从习俗和习惯，而不是力求效用和幸福最大化，强调人们依靠制度进化中不断积累的、适应环境的知识进行决策。“制度人”的知识与能力具有异质性的特征。老制度主义认为个人的知识结构是不一样的，与之相适应，每个人的学习、工作能力也不相同，即个人知识具有异质性。个人掌握的知识包括一些说不出来的“技巧”，“技巧”难于表达和学习，因此，人与人之间的异质性是长期存在的。

奥地利学派认为没有理由假定所有的个体对同一问题会有同样的感受，尤其是企业家在发现常人不能看到的机会上具有独创性，强调不同的人心理上对消费品的评价不同。

（二）“经济人”的动态性

1.“经济人”的动态性

“人天生就是一个开放的、有序的系统。而且是精神物质的统一体。单单进行物质交换或者信息交流都是不可能的。”① 马克思在《资本论》中强调研究经济形式必须用抽象力来代替，但那种把人所处的现实经济关系抽象掉，却反对用这些范畴来演绎历史和现实的不科学抽象法。马克思指出：“我决不用玫瑰色描绘资本家和地主的外貌。不过这里涉及的人，只是经济范畴的人格化，是一定的阶级关系和利益的承担者。我的观点是把经济的社会形态的发展理解为一种自然史的过程。不管个人在主观上怎样超脱各种关系，他在社会意义上总是这些关系的产物②。”这就说明对人的抽象决不能脱离生产力和生产关系，人是存在于一定的生产方式之中，是一定经济关系的承担者和人格化。随着时间的推移生产力不断发展，生产关系不断进步，一定生产方式中承担着一定生产关系的“经济人”的特征是动态变化着的，即“经济人”的动态性。

“经济人”的动态性体现在两个方面：一方面“经济人”注重经济利益；另一方面“经济人”的某些特征会随着生产力的发展而变化，如在资本主义商业时代人更注重经济利益，即利己的特征，而在社会主义社会或共产主义社会人更注重社会的大同和人类的解放与进步，即在经济利益得到充分满足时注重人的社会价值的实现。

2.“经济人”动态性的理论价值

认识到“经济人”的动态性，一方面没有脱离经济学研究的范式，另一方面避免了新古典经济学静态的、简化的分析方法。强调微观经济主体

---

① 李桂花．自组织经济理论：和谐理性与循环累积增长［M］．上海：上海社会科学院出版社，2007：66.

② 马克思．资本论（第一卷）［M］．北京：人民出版社，2004：10.

的动态性也会使经济主体的选择标准并不一致，即存在差异性。演化经济学用习惯、惯例分析人的行为，“新奇”又使习惯和惯例具有动态变化的特征。

“经济人”的动态性表明，在人类发展的历史长河中“经济人”是不断发展的，其偏好、价值观和选择标准并不会一成不变，而是随着社会的发展而发展变化的。在一个相对稳定的生产方式下，如研究资本主义的商业时代，新古典经济学“经济人”的利己、追求最大化利益的特征表现明显，按照“经济人”偏好既定和追求利益最大化的特征可以简化经济研究的复杂性，便于发现一般的经济规律。在研究社会生产关系转变的过程时，强调“人”的动态性则更能够认识到经济社会的共同发展和人在不同生产方式下突出特征的转变。原始社会的共同生产强调共同财产关系和共同利益，封建社会单个家庭生产则强调家庭利益，在资本主义社会关系中强调合作生产中的个人利益。不同的生产力决定了不同的生产关系，而人在不同的生产关系中的行为特征并不相同。

动态的“经济人”在自身的发展过程中价值观也是动态变化着的，这是因为微观经济主体随着时代的变迁，知识日渐丰富，经验逐渐积累而导致价值观和选择标准的变迁。不同的微观主体知识和经验积累不同，价值观和选择标准不同，因此，“经济人”的动态性强调人是不同质的，而是异质的，这也符合了演化经济学的研究思路和框架，也更加接近现实中的人。

认识到“经济人”的动态性，可以很容易地理解人在不同的经济基础上表现出的不同的特征，这也与管理学中马斯洛的五层次需求理论和中国古代“仓廪实则知礼节，衣食足则知荣辱”的传统思想相吻合，充分说明了“经济人”的动态性是微观经济主体的重要特征，突破了新古典“经济人”只注重经济利益的局限性。

在公司治理的研究中，强调“经济人”的自利性，可以抓住公司治理问题产生的本质，而强调“经济人”的动态性，则可以使我们认识到公司治理问题的阶段性，并为拓展公司治理的手段和方法提供了思路。

第二节 “经济人”假设与公司治理的分析框架

一、“经济人”假设下公司治理问题的提出

在新制度经济学的视野下，“经济人”行为假设一直是公司治理问题的基本前提。公司各种要素的所有者、经营者或员工都被看成是追求个人效用最大化的“经济人”。

（一）代理问题

经济学意义上的代理问题，是指代理人利用委托－代理这种“关系性契约”，从事满足自身利益最大化，而有悖于委托人目标和利益的非协作、非效率活动，致使委托人的风险成本增加或造成了委托人的利益损失。经济意义上的代理问题产生的原因有：

（1）所有权与经营权两权分离，在股权高度分散的条件下，股东不能有效地监督管理层，从而导致“经理人革命”和“内部人控制”，使股东的利益受损。

（2）代理人和委托人之间目标函数差异性，代理人追求的在职收益与委托人的企业价值最大化目标相背离，使代理人有动力去侵害委托人的利益。

（3）代理人与委托人之间的信息不完全和非对称，“经济人”的机会主义倾向使其有垄断信息的主观动机，而信息传输手段的短缺则是信息不对称的客观现实。信息的不完全非对称造成了“逆向选择”和“道德风险”，即事前隐蔽信息和事后的隐蔽行动使代理人侵害委托人利益成为可能。

（4）“关系性契约”和契约不完全，由于“经济人”的有限理性及不确定性，使委托代理契约只能是不完全契约，这就为代理人侵害委托人的利益创造了条件（张银杰，2010）。

在新制度经济学的框架下，代理问题产生的本质原因可以归结为两个：

（1）"经济人"的自利性。"新经济人"以追求自身效用最大化的动机，在委托-代理关系中，委托人和代理人各自追求自身利益（效用）最大化，必然导致他们的经济目标不一致。不一致的经济目标驱动代理人寻求自身利益（效用）最大化，这就是代理人进行"经理人革命"和"内部人控制"的主观动机。

（2）信息不对称。早期新古典经济学理论认为信息是完全的、获取信息成本为零，在20世纪70年代后，新古典经济学对信息完全的假设进行了修正，阿克洛夫（Akerlof，1970）在《柠檬市场》中阐述了根源于不对称信息和自利倾向的机会主义行为会导致逆向选择，最终必然致使市场失灵。委托人与代理人之间的信息不对称，使代理人易于隐蔽信息和隐蔽行动，这就是代理人侵害委托人利益的客观条件。"经济人"自利性和信息不对称作为代理问题产生的主观动机和客观条件，也是公司治理主要解决的问题。

（二）公司治理问题的实质

公司治理的实质是界定企业中主要利益主体的相互关系的有关制度安排，是如何将要素结合带来的收益在要素所有者之间分配的制度安排，旨在解决企业所有权与控制经营权分离而产生的代理问题和平等地保护大小股东的利益，既避免代理者侵犯所有者利益，又避免大股东侵犯小股东利益，同时解决企业的战略决策和控制管理问题①。在新古典经济学的框架下，公司治理问题的实质从经济意义上来看，主要是通过一系列制度安排尽量解决信息不对称问题和"经济人"利己导致的利益冲突问题，从而降低与社会化大生产相适应的三权分离所产生的代理成本。要解决好代理成本问题，则首先要分析代理问题产生的条件有哪些，只要解决了代理问题产生的条件，代理问题自然而然得以解决。

1. "经济人"的自利行为与利益冲突

公司治理问题产生必然具备两个条件，其一是代理问题，确切地说是组

---

① 张银杰．公司治理——现代企业制度新论［M］．上海：上海财经大学出版社，2010：262.

织成员（可能是所有者、管理者、工人或消费者）之间存在利益冲突；其二是信息不对称。现代公司制企业中出现两权分离、三权分离的原因是社会大生产的复杂性使管理成为一种稀缺的资源，公司的管理者就是拥有这些稀缺资源的所有者。根据新制度经学“经济人”行为假设，公司的经营管理者是自利的、有限理性及具有机会主义倾向的。公司的经营管理者（或者是内部人控制人）为了实现自己的效用（经济利益、社会地位、权力的组合）最大化，利用其信息优势侵害其他经济主体（小股东、其他利益相关者）的利益，构成了企业各种要素所有者之间普遍存在的利益冲突。因此，当契约不完全时（由于不确定性和信息不完全，长期契约不可能是完全的），由于“经济人”的自利性使其有动机和条件去侵害别人的利益，则必然导致治理问题的产生。为了提高企业的运作效率和降低代理成本就需要适当的制度安排（即内部治理和外部治理）来解决这个问题。这种制度安排要解决的是如何协调企业各成员之间的利益冲突，希望在激励相容的基础上达到经济学意义上的“企业价值最大化”。

2. 信息不对称

信息不对称一方面有客观现实性，即信息的传递和获取是有成本的，客观上不可能使所有人都能拥有完全信息；另一方面，在公司经营实践中，信息不对称主要是由于公司经营者为了自身效用最大化而有意隐蔽信息和隐蔽行动造成的。公司的经营者（或者内部控制者）为了方便地掠夺其他利益相关者的经济利益，具有事前隐蔽信息和事后隐蔽行动，这加重了经营者和其他利益相关者之间的信息不对称，使其他利益相关者难于监督其行为。因此，公司治理问题产生的两个条件——自利导致的代理问题和信息不对称问题归根结底在于“经济人”的自利性。因此，公司治理问题的彻底解决必然要从“经济人”的自利性着手。

二、“经济人”假设下公司治理问题的解决

为了解决公司治理问题、降低代理成本和提高公司运营效率，现代公司治理理论认为一方面通过激励使代理人与委托人的经济目标相一致，解决利

益矛盾；另一方面通过监督和竞争使代理人公开信息，使其无法利用信息优势侵害委托人利益。

（一）激励

在新制度经济学的假设下，“经济人”的目标函数不仅包括经济利益，而且包括权利、地位等精神需求，因此，为了使代理人能够更多关注企业的长期利益和效率提高，公司治理理论都强调对经营者实施有效的激励，这些激励主要以经济利益为主，以精神激励为辅。然而，在“经济人”自利的假设下，无论多么丰厚的经济利益激励和精神激励，都无法和其侵害委托人的经济利益所得相比，即激励获得的经济利益小于最大侵害利益①，因此，激励的效果并不明显，也不能完全解决代理问题，拉丰（2002）在其激励理论中已经证明，激励只能是获得次优的结果而无法达到信息完全条件下的最优结果。因此，要想完全解决公司治理问题还需要考虑其他方法或者途径。

（二）约束

为了避免代理人侵害委托人利益，内部约束和外部约束主要从信息不对称着手，通过内部监督和市场监督，迫使代理人公开企业经营管理的信息，而委托人可以根据这些公开的信息采取相应的措施避免损失，使代理人不能利用绝对的信息优势任意侵害委托人的利益。公司内部约束主要是通过监事会、独立董事等比较容易获得企业经营信息的内部人或独立的主体监督经营者行为，避免经营者侵害其他利益相关者的经济利益。外部治理主要通过一些市场信号间接反映经营者行为，便于委托人根据信号及时采取措施避免经济利益损失。但是在“经济人”利己的假设下，经营者掌握企业经营的信息，为了自己的效用最大化，经营者可以很容易地隐蔽对己不利的信息，如美国安然、世通的财务丑闻案。因此，约束监督机制也不能根本上解决公司

① 如果大于或者等于，委托人则没有必要对代理人进行激励了，因为实施激励使委托人获得的利益更少了。当然存在激励可以使代理人努力工作，提高企业运行效率，可以使委托人获得更多的利益，然而仔细分析，本书认为代理人为了能够更多地获得经济利益（侵害委托人的），其依然会努力工作，不过此时的努力工作是自我激励的结果。

治理问题，只能给经营者带来内外监督的压力或者使其不能随意侵害委托人的利益，但是压力往往会造成经营者的精力消耗，使其不能专心于企业的经营活动，造成效率低下。内外部约束迫使经营者在侵害委托人的利益时采取更加隐蔽的手段或方法，这些隐蔽的手段和方法不易被监督，甚至会激励代理人更加严重地侵害委托人的利益，甚至采取欺诈的手段，而最终委托人利益损失可能更多。

三、“经济人”假设下公司治理的局限性

（一）“经济人”假设的局限性

无论是新古典经济学的“经济人”假设，还是新制度经济学的“新经济人”假设都没有脱离静态分析和简化论的局限性。经济理论为了分析和建模的方便，或者更能抓住问题的关键，采用简化的方法使问题简单明了，但是实际的经济活动是复杂的，因此，对于西方经济学是“黑板经济学”的批判此起彼伏，西方国家以这些理论为指导的经济也逃脱不了周期性危机的命运，尤其是2008年的经济危机更是使理论界认识到了现代主流西方经济学的作用有限。因此，西方经济学无论是经济理论还是经济实践方面都面临危机，尤其是在美国次贷危机引发全球经济危机时，马克思《资本论》在欧洲的脱销，都说明了简化思想指导复杂经济系统运行的乏力。

静态分析忽视了微观经济主体——企业和个人的动态变化，无论是个人还是企业，知识的积累和经验的丰富都会影响其价值观和行为模式，甚至一个国家在不同的经济发展阶段，其行为模式和价值观亦不相同。这就是马克思强调的不能脱离一定的生产方式去研究人的行为的科学性之所在。马克思在创作《资本论》时，西方主要国家还处在工业时代早期的完全竞争阶段，国际贸易还不发达，资本家通过榨取本国的劳动者获取剩余价值，而今天主要西方资本主义国家已经进入后工业时代的垄断阶段，西方国家主要通过垄断技术榨取发展中国家劳动力的剩余价值。经济发展阶段的不同，人们的价值取向不同，如发展中国家的人们更注重个人经济利益，而发达国家的人们

更注重休闲、环保和社会公益。发展中国家的人们之所以更重视经济利益，一是由于较低的生产力无法满足人们日益增长的物质需要；二是发展中国家为了发展经济，往往在社会价值观上强调经济利益。发达的生产力使发达国家的人们已经获得了物质满足，而开始追求向精神满足，因此，对于经济利益相对较淡化。这就反映了不同生产方式下的人们具有不同的价值观和行为模式，因此，不考虑微观经济主体的动态发展是不科学的，对经济运行自然就缺乏指导意义。

（二）“经济人”假设下公司治理的局限性

1. 公司治理思路的局限性

在“经济人”的假设前提下，公司治理问题的解决思路带有明显的局限性，囿于仅仅通过解决信息不对称或者设计合理的激励机制两个方面。契约理论、产权理论到激励理论等，无一不是要解决委托人和代理人之间的信息不对称，或者是把代理人的经济利益和委托人的经济利益协调到同一目标下。然而，在自利的“经济人”假设下，无论是为了追求利益最大化还是效用最大化，不同的经济主体其利益或者效用往往都是竞争性的，即难以协调一致，为了追求自身的“最大化”，隐蔽信息和隐蔽行为就成为常态。前面论述了公司治理问题产生的根本原因在于“经济人的自利性和机会主义”，要彻底解决公司治理问题则需要从“经济人”假设开始。

2. 公司治理手段的局限性

作为委托人避免代理人侵害自身利益的一系列措施，公司治理一方面需要委托更多的代理人（监事会、独立董事）去监督特定代理人（经营者或者内部控制人），另一方面则通过激励手段使代理人和委托人的目标相一致。新制度经济学框架下的公司治理手段看似繁多，但深究起来就是从激励和约束两个方面解决公司治理问题。在“经济人”假设下，一方面，公司治理手段只能在经济利益等方面激励经营者，使公司价值最大化目标和经营者效用最大化目标相一致。前面已经阐述了经济激励不可能使代理人的目标和委托人的目标完全一致，利益冲突在“经济人”假设的前提下是必然存在的。另一方面，约束手段包括公司内部监事会或者（和）独立董事的监督、外部市场监督和政府监管等，这些手段虽然从各个方面监督或者显示了代理人的工作努力程度或者是否有侵害代理的行为，但在“经济人”假设和交易成本存在的前提下，代理人很容易和外部“自利”的监督主体形成合谋，通过隐蔽信息和隐蔽行为使外部监督失去效果。

第三节 “经济人”的动态性与公司治理

一、公司治理问题的新认识

（一）公司治理的历史动态过程

公司制企业是为了适应社会化大生产的需要而产生的，带有明显的历史性，因此，依附于公司的公司治理问题也必然带有历史性。随着生产力的发展，在18世纪，西欧的一些国家开始进行产业革命并逐渐进入工业化时代。现代工业化生产需要大量的资本、技术、劳动力等生产要素，单一的经济主体难于满足大规模生产的条件，公司制企业应运而生。公司制企业实质上是通过契约将由独立的经济主体拥有所有权的各种要素组合在一起产生协同效用的经济组织，公司章程和公司决策、分配过程则反映了各要素主体参与公司经营、决策和分配的原则。公司制企业日益扩大的规模使管理和协调生产的难度倍增，需要专业的经营者从事生产经营管理，三权分离使经营者独立于所有者，并实际控制公司的法人财产，委托－代理关系因此产生。公司的经营者和所有者作为“经济人”，在各自追求效用最大化的过程中必然产生利益冲突，则代理问题凸显出来。因此，可以认为公司治理问题是生产力发展的产物，或者说是历史的产物，当然随着生产力的发展，社会化大生产的组织形式会向更高层次发展，公司制企业将成为历史，则公司治理问题也将消亡。

每个企业在运行的过程中，面临的市场竞争和经营特点都不相同，其经营管理的重点也不相同，在公司治理方面存在的问题也必然有差异。在资本主义发展早期，企业之间的竞争以完全竞争为主，企业的组织形式、产品、技术等基本上是同质的，此时，企业竞争优势的获得就是要不断地扩大生产规模，并达到规模经济，才能获得总成本领先的竞争优势。此时，决定企业规模的财务资本对于企业获得竞争优势就显得非常重要，公司治理的目标当然就要偏向于财务资本，以鼓励财务资本的投资。公司治理的主体相应的就是财务资本的所有者，治理的对象就是企业的管理者。

当资本主义社会进入垄断竞争阶段，企业之间的竞争强调差异化以获得局部垄断优势，此时，管理和技术相对于财务资本更能获得竞争优势。此时，财务资本的所有者在公司治理中的主体地位受到挑战，利益相关者治理相应提出。

（二）公司治理问题的阶段性

公司治理问题的历史动态过程意味着公司治理具有阶段性，即公司治理问题只是资本主义社会或者社会主义社会初级阶段的产物，随着生产力的发展，新的社会化大生产的组织形式将会确立，在生产力高度发达、生产者高度自觉的共产主义社会中，私有产权成为历史，人与人之间不再是利益竞争的关系，而是合作共赢的关系，利益冲突不复存在，公司治理问题则成为历史。在私有制的资本主义社会，“经济人”的自利性使人与人之间存在竞争的利益关系，“经济人”为了各自实现自己的利益最大化而存在利益冲突，导致公司治理问题的产生。无论在新古典经济学还是在新制度经济学的视野下，“经济人”的自利性是作为理论前提存在的，因此，利益冲突得不到解决，公司治理问题就很难得到彻底的解决。我国社会主义初级阶段生产力还不发达，人的素质还没有达到高度自觉的阶段，为了提高社会生产效率，通过私有产权的形式强调经济利益对人的激励作用，因此，必然存在竞争的利益关系，则公司治理问题也必然存在。

认识到“经济人”的动态发展性，即人的特征会随着生产力的发展而变化。在一定历史阶段，“经济人”表现出追求自身利益或者效用最大化，而在生产力高度发达的情况下，人们的需求层次上升到“自我实现”而忽视经济利益，人们更多是在享受工作的乐趣而不是以物质享受为乐趣，竞争的利益关系将转化为共同的利益关系，代理问题和公司治理问题将不复存在。当然，在现今经济社会讨论这个问题似乎为时尚早，但无论是马斯洛，还是马克思在19世纪已经认识到人的动态发展性。在今天我们讨论公司治理的最终消亡或者公司治理的阶段性，主要是为了使我们能够深刻地认识到公司治理问题产生的根源，从而为我们提供在当前阶段解决公司治理问题的有效途径或者思路。

二、公司治理问题解决的新思路

（一）“经济人”动态性与公司治理问题

1. “经济人”动态发展特征

当前无论是资本主义社会，还是社会主义社会，生产力都还不发达，社会化大生产主要以公司制企业的形式组织进行。为了激励生产要素提供者（所有者）的积极性，强调经济利益是提高生产效率的必要手段。当前人们的物质需要还没有得到极大的满足，物质利益的激励可以使人们更加努力的工作，提高生产效率，解决资源稀缺和人们物质生活需要之间的矛盾。因此，为了激励经济主体努力工作，只有强调“经济人”的利己的和最大化的特征，才能达到激励的效果。在企业运作过程中，有效地激励激发人们充分发挥自己的潜力和才能，效率才能提高。而随着生产力的发展，人们的物质利益已经得到极大满足，物质激励则失去作用，精神激励成为主要的激励方式，不需要再强调利己和最大化以进行物质激励。总之，“经济人”利己和最大化特征只是人与社会发展的一个阶段，而不是人类社会发展的全部。

2. “经济人”的利益冲突导致公司治理的产生

在生产力还不发达的今天，强调了“经济人”的利己和最大化的特征，使“经济人”之间存在利益冲突，拥有信息优势的一方很容易在博弈中通过侵害他人的利益而获得最大化的效用。这种利益冲突表现在公司制企业中，使代理问题产生，所以降低代理成本成为企业的重要问题。拥有信息优势的经营者获得的额外经济利益（侵害所有者而获得的利益）一方面激励了经营者千方百计去侵吞他人利益，而不去努力工作创造价值；另一方面由于所有者的经济利益受到了侵害而不能获得期望的报酬，会使所有者失去投资和参与企业经营的积极性。因此，公司治理一方面要激励投资者投资，另一方面激励经营者努力工作创造价值。

在构成企业的所有生产要素中，典型的两类要素是财务资本和人力资本。在不同的生产组织方式下，各个生产要素的贡献程度明显不同。在资本主义完全竞争阶段，财务资本相对竞争优势的获得贡献较大，而人力资本相对贡献较小，而在垄断竞争阶段，又恰恰相反。因此，公司治理在不同的阶段也应进行相应的调整。现代公司治理理论的发展也证明了这一点，如早期公司治理强调财务资本雇用人力资本，治理主体为财务资本的所有者，而近几年单边治理逐渐向利益相关者治理转变，公司治理开始强调社会责任，则是认识到了企业的其他要素提供者在企业经营中的贡献。

（二）“经济人”动态性与公司治理问题解决

1. “经济人”自利特征的演变

“经济人”利己特征是动态变化的，作为社会经济主体的个人，一方面表现出利己的特征，另一方面还有利他的同情心。甚至在个人的成长过程中利己与利他的特征也是动态变化的，即某个阶段利己特征表现明显，某个阶段利他特征明显。家族企业之所以在创业初期表现出良好的凝聚力，源于在家族观念的影响下，创业初期家族企业内各利益主体利己特征并不明显（可以共患难），而家族企业基本成熟后经济利益增多，利益冲突开始明显，内部矛盾增加（不能共富贵）。企业经营效率下降的原因则是利己特征凸显，产生利益冲突，导致内耗增加。

正是认识到人的动态发展性，管理学领域内普遍认为要想获得较高的运营效率，一方面需要通过强调无形的企业文化影响企业员工的价值观和行为，使员工与企业目标相一致；另一方面需要通过经济利益激励员工努力工作。通过两方面的共同作用解决企业运作中的利益冲突是管理实践中的共识。企业文化的无形作用正是认识到了“经济人”的利己利他特征的动态，通过企业价值观的培养使原本只强调利己的“社会人”逐渐转变为通过利他（为他人提供生产服务）而实现利己的“企业人”。

认识“经济人”某些特征的动态变化性，则可以拓展公司治理的手段和方法，甚至将公司治理和企业管理配合起来共同解决企业运作效率和利益冲突等问题，这在理论上可以突破公司治理和企业管理的界限，将二者融为一体共同实现提高企业效率和价值创造的目标。

2. 公司治理要解决利益冲突的根源

在演化经济学视野下，公司治理的关键是要解决企业中各经济主体的利益冲突、构建和谐多赢的企业内部关系，以节约企业管理成本，提高经营效率。公司治理无论是手段还是机制都要突破现有的公司治理理论框架，综合管理学、社会学等理论，结合企业实际情况，解决企业内部的利益冲突。

要想完全解决企业内部的利益冲突，第一，要构建和谐统一的目标系统。在企业管理实践中，目标管理通过分解企业总体目标到个人目标的方式，将个人目标与企业目标结合在一起。通过目标管理，企业将个人目标整合到企业目标内部，有利于达成企业和个人目标的一致性。公司治理应借鉴目标管理的核心思想，将个人的利益目标整合到企业的整体利益之中，协调企业内部人与人的利益关系，减少内部消耗。第二，要强调只有利他才能实现利己的价值观念。在企业的运行中，各种要素组合在一起，每种要素都要为其他要素发挥更多的作用。每种要素只有为其他要素发挥好自己的潜力，才能获得较多的协同效用，才能使要素主体获得比市场交易更多的经济利益。通过侵害他人经济利益的手段获得自身效用最大化的方式只能是短期的行为，最终会导致其他要素主体的退出而使所有的要素主体利益受损。这种目标和价值观念的形成是企业长期运作的结果，但在企业决策、运营和分配过程中，要不断地强调这些观念，并应用于企业实践，才能淡化经济主体的利益冲突，降低代理成本。

（三）公司治理手段和方法的拓展

认识到人的动态发展变化的特征，公司治理的手段和制度可以从几个方面进行拓展。

1. 将公司治理与企业管理结合

长期以来无论是公司治理理论还是治理实践，都将公司治理和企业管理割裂开来，认为公司治理解决的是代理问题，而管理解决的是运营效率问题。认识到人的动态变化特征后，则可以将企业管理和公司治理密切联系在一起。企业管理强调通过企业文化对企业员工进行无形的约束，形成企业内部共同的价值观和行为模式，协调企业内部行为，节约运营成本。这就说明了在管理领域内也存在各种利益冲突，这种冲突也会造成管理成本过高等问题。企业管理与公司治理解决代理成本有共同的目标和任务，在共同的目标和任务的指引下，公司治理和企业管理可以相互配合，共同促进企业的效率提高和价值创造。公司治理更应注意企业文化的积极作用，如果在公司各利益相关者之间能够形成共同的价值观念，则企业目标易于达成一致，利益冲突问题则会得到解决或者淡化。

2. 将公司治理与社会文化环境建设结合

公司治理理论长期以来认为社会文化环境是外生的，公司治理主要是要适应外部的文化环境。OECD 强调其公司治理原则作为良好公司治理的国际基准，其重要作用在于有助于形成一种专业和道德行为的价值文化，这正是机制运行良好的市场所依赖的①。认识到人的动态变化特征，可以拓展公司治理的思路。在社会领域内重新构建价值体系，也是解决公司内部利益冲突的有效途径。社会主义社会之所以不同于资本主义社会，一方面在于经济基础不同，另一方面在于社会主义价值体系。社会主义社会特有的价值观使广大人民群众在实现共产主义的共同目标指引下努力奋斗和工作。在共同的理想和目标指引下，经济利益冲突往往会被淡化或者忽略。构建社会主义的价值体系，不应过分强调微观主体应以自身的利益最大化为目标，而要强调社会共同利益，避免不同群体之间形成竞争的利益关系，减少利益冲突所造成的内部消耗。重建社会价值体系也是我国社会主义精神文明建设的一部分，因此，将公司治理制度和社会文化环境的建设结合起来，更容易使公司利益相关者之间和谐相处，共同提高企业运作效率。

---

① OECD 公司治理原则［S］. 2004：4.

第四章

企业的异质性假设与公司治理

演化经济学的视野下，企业作为经济活动的一种组织方式，其核心竞争优势和企业运营行为的多样性使企业异质。只有突破新古典经济学“厂商理论”和新制度经济学契约理论，在异质的前提下才能认识到企业存在的基础，才能更好地解决公司治理问题。

第一节　企业的同质性与异质性假设

新古典经济学为了研究其核心的价格理论，认为企业是以追求股东利益最大化为目标的专业化生产者，其行为模式是同质的，因此，可以把企业当作一个生产函数，即企业“黑箱”。新制度经济学契约理论继承和修正了新古典经济学假设，虽然打破了“黑箱”建立了真正意义上的企业契约理论，但其依然没有完全解释企业存在的基础原因。演化经济学能力理论认为企业行为是异质性的，不同的要素构成会形成企业不同的能力，不同的企业存在的基础也不相同，更贴近现实地解释了企业存在的原因、企业竞争多样性和差异性问题。

一、企业的同质性假设

（一）新古典经济学的企业同质性假设

新古典经济学的核心是价格理论，强调“看不见的手”是协调经济活动的基础。为了论证价格机制在协调经济活动和配置资源中的基础作用和有效性，新古典经济学在完全竞争模型中，提出了完全竞争、充分信息、市场出清等一系列严格的假设，把企业抽象为行为同质的、以追求利润最大化为目标的专业化生产者①。过度的抽象使新古典经济学没有真正的企业理论，“厂商理论”只是新古典经济学企业“黑箱”的代名词。

新古典经济学认为，企业是一个通过投入产出来追求利润最大化的专业化生产组织，在完全竞争的外部市场存在条件下，该生产组织的特征是：

（1）市场是充分竞争的，生产要素是充分流动的，企业需要的所有要素都可以通过市场公开获取，由此也决定了企业之间的模仿是无成本的，并且企业生产要素的技术选择组合是既定的和可任意调整的（即可逆的），所有要素是完全可分的和可流动的。

（2）市场是出清和充分有效率的，企业之间无成本的模仿行为将使超额利润在长期均衡状态下消失，即企业在长期竞争中只能获得正常利润水平。

（3）信息是充分的，如同个体的完全理性特征，企业对未来的预期是完全确定的，可以精确地计量出生产要素的投入和产出，可以在其认为是最适合于需求条件和成本条件的产量水平上运行，即在边际成本等于边际收益（即市场价格）的状态下从事生产活动，从而实现利润最大化。

（4）在完全竞争的市场中企业是价格的接受者，价格是外生的，是决定企业行为的唯一变量。企业之间无成本的模仿、迅速的扩张和行业的自由进入和退出，使企业和行业处于长期均衡状态②。综合而言，新古典经济学的企业成长是外生的，在长期均衡状态下，企业之间是同质的，即利润相同、规模相同、产品相同。

新古典经济学“厂商理论”认为企业成长是在价格机制的作用下，企业以利润最大化为目标，根据最优化原则进行选择，使企业产量达到最优规模水平（边际收益等于边际成本）的过程。在这一过程中，企业没有任何主动

① 白永秀，赵勇．企业同质性假设、异质性假设与企业性质［J］．财经科学，2005（5）．

② 连建辉，黄文锋．企业的同质性假设、异质性假设与企业所有权安排——两种企业治理观的经济学分析［J］．当代经济研究，2002（9）．

性的余地（纳尔逊和温特，1982）。在新古典经济学“厂商理论”中，企业成长的基本因素均是外生的，如果企业面临的成本或需求曲线发生了变动，企业的规模就会发生变化，而成本变化的原因通常来自技术变革或要素价格变化，需求变化则是由于收入变化或偏好变化所致，即企业成长是外生的，完全取决于企业外部的技术和市场条件（连建辉、黄文峰，2002）。在新古典经济学的框架下，企业行为缺乏主动性，企业只能在最大化的目标下作出理性的、唯一的选择，并且选择的条件和标准都是固定的、同质的，因此，不需要研究企业的行为。

新古典经济学“厂商理论”对企业的抽象主要有两点：一是对企业性质的抽象，把企业看作是一个专业化的生产者；二是对企业行为的抽象，企业是以利润最大化为目标进行完全同质的最优化生产。从第一个抽象来看，新古典经济学在一定程度上解释了企业的生产特性，阐述了企业生产的本质属性。第二个抽象则忽视了企业之间因竞争形成的利润差异、产品和规模多样性，以及企业行为的主动性，与现实不相符合①。对企业的抽象使新古典经济学忽视了企业之间的差异性和企业与环境的互动关系。

企业同质性假设是新古典主义“经济人”假设和个体主义方法论的必然结果，从微观经济主体的目的和资源约束的角度看，完全理性的微观经济主体始终追求利益最大化目标；微观经济主体拥有实现其目的的完全知识和预见，完全理性地实现个体经济行为的最优化。个体主义方法论强调抽象个体的经济行为是研究现实经济活动的出发点，社会仅仅是个体的机械加总。在新古典经济学看来，企业仅仅是完全理性的经济个体简单加总，在生产要素完全竞争性条件下，企业之间必然是完全同质的最优化生产者。

在极端的分权化的分工经济中，从论证市场配置资源的充分有效性角度看，新古典主义企业同质性假设是合理的，但是在解释经济变迁和与企业具体行为上，同质性假设则缺乏解释力。在现实经济中，要素市场是不完全的，企业之间利润的差异是长期存在的，企业的产品、规模、竞争优势都是有差异的，这与企业同质性假设都不相符，并且企业同质性假设也

① 白永秀，赵勇．企业同质性假设、异质性假设与企业性质［J］．财经科学，2005（5）．

无法解释企业存在的本质和企业之间的竞争优势是如何获得的等问题。

（二）新制度经济学的企业同质性假设

以科斯和威廉姆森为代表的新制度经济学，继承了新古典经济学的分析框架，打破了企业的“黑箱”，在不确定的前提条件下研究企业行为，形成了主流的企业契约理论。新制度经济学讨论的中心依然是资源配置问题，不过与新古典经济学不同的是新制度经济学认为企业和市场是可以相互替代的资源配置机制，企业对市场的替代是为了节约交易成本。节约交易成本成为企业存在的基础，也决定了企业的规模和边界。

新制度经济学对企业的研究没有脱离新古典经济学的边际分析框架。新制度经济学把交易作为分析企业问题的最基本单位，并假设在配置资源和组织交易过程中，企业和市场是可以完全替代的。企业和市场完全替代所隐含的前提是：资源或要素是由不同的个体分散拥有，个体所拥有的资源或要素是完全竞争的，它们构成了一个个独立的、在技术上可以分开的操作单位或交易单位。专业化生产既可以通过交易单位的市场交换实现，也可以通过企业内部组织实现。既然每个交易单位及其资源是完全竞争性的，因此，企业之间组织交易的契约活动是无差异的、同质的。新制度经济学认识到不确定性对企业行为的影响仅涉及信息成本问题。威廉姆森认为不确定性导致企业主观上虽然追求理性的最优化，但只能在有限程度上做到这一点，主观理性成为成本最小化的动机。现实经济中，不确定性往往使企业最优化行为难于实现。

对新古典主义企业同质性假设及其分析传统的坚持，使新制度经济学企业理论存在两个根本性缺陷：

（1）新制度经济学把企业的本质归结为组织交易的契约形式，从交换关系和交易成本出发讨论企业存在和企业行为是以企业的存在及其行为都是由交换关系外生决定为既定前提的，企业仍然是价格理论的附属物，忽略了企业的生产属性。

（2）新制度经济学对企业的分析是静态的，没有从企业组织交易活动动态优势的角度考察企业行为①。新制度经济学与新古典经济学一样认为交易单位及其生产要素都是完全竞争性的，企业是完全同质的最优化行为者，企业组织交易活动不可能存在长期优势，忽视了有限理性的微观主体在企业内部长期协作中知识和能力的积累，其中的核心知识和能力带有专用性和整体性特征。企业的核心知识和能力导致企业和市场在组织交易活动中的成本差异，也决定了企业之间具有不同的竞争优势。

新制度经济学重视交易成本，认为所有企业都能生产同样的产品或提供同样的服务，模糊了对整体企业理论框架的认识，还模糊了企业组织生产和市场交易之间的概念，认为市场也可以被看作是能完全代表企业来进行生产，因此，市场交易与企业内部组织市场只剩下成本的不同了。在不确定的条件下，企业之间的组织成本是不同的，企业组织生产的属性使市场无法完全替代企业，企业纵向扩张行为不仅取决于交易成本和组织成本的比较，而且取决于企业之间组织成本和收益的比较。新制度经济学逻辑的根本缺陷在于，没有动态地考察企业内部组织专业化生产活动，忽视了企业长期动态优势的获得主要来自于企业组织契约性活动的长期成本节约和长期收益递增。

企业同质性假设把企业看作是既定技术条件下的最优化生产者，其生产和发展是外生的，企业不存在长期超额利润。然而，主流企业理论无法解释现实中的许多现象，尤其是无法解释现实中企业之间广泛存在的长期利润差距和产品的多样性。

二、企业的异质性假设

（一）企业本质的两重性及其互动

从马克思完整的资本循环公式中可以看出，企业一方面在市场上以契约形式购进生产资料和卖出商品，另一方面要用购进的生产资料组织生产，即

① 刘刚．企业的异质性假设——对企业的本质和行为的演化经济学解释［J］．中国社会科学，2002（2）．

企业在本质上具有“生产”和“契约”的两重性。企业的两重性中，“生产”属性是其本质属性，“契约”性活动只是企业实现价值增值的前提条件。“契约”活动中原材料和劳动力的数量比例关系是由生产的技术水平和价值增殖目的决定的。在整个资本循环过程中，企业的两重性是内在统一的和不可分的。企业的生产过程又是契约的执行过程，契约的签订和执行过程也伴随着投入和产出的全过程。因而，企业在本质上既是专业化生产的组织形式又是生产要素和产品交换的契约形式。杨瑞龙等（2001）认为企业的核心是组织租金的创造和分配，各种要素在一个有生命力的企业（或组织）中，组合创造出的总收益在支付了所有要素的保留收入之后还有一个正的剩余，即“组织租金”。“组织租金”则反映了企业的生产属性，组合生产比分散生产能获得更多的产出。

从企业动态发展的角度看，企业本质的两重性不仅是不可分的，并且决定企业生产的劳动力（活劳动）和生产资料（固化劳动）在合作过程中的契约活动和生产活动是交互影响的。随着固化劳动（财务资本）专用性程度的提高，一方面将提高专业化生产的效率水平，另一方面会改变活劳动（人力资本）和固化劳动（财务资本）的成本收益特征。为了适应这种变化，提高企业运作效率，原来的契约必须重新安排。新的契约安排一方面激励了要素提供者尽可能多地提供要素（投资或者努力工作），另一方面改变了要素所有者的成本收益特征（要素分配比例导致各要素的成本收益改变）。在企业两重性的长期互动中，契约性活动投入的增加不仅影响到契约性活动的成本，而且可能影响到整个企业活动的成本与收益状况。企业成长和演化过程中知识积累（人力资本）的独特性也决定了不同企业组织经济活动具有不同的效率水平，也会导致企业契约的创新安排。

在整个企业的发展过程中，构成企业的要素通过契约形式在一起，不同的时期，要素相对的稀缺程度不同，对企业的贡献程度不同，因而，各种要素在博弈过程中，较稀缺的要素贡献大，退出的威胁就越大。因此，该要素在企业中就占主导地位，在契约安排中则占有较多的索取权和收益权。即使是同一企业在其发展的不同阶段各种要素的贡献程度也不相同，契约安排也就不尽相同。

（二）企业异质性假设

1. 企业异质性假设的经济学解释

演化经济学企业能力理论认为企业所控制的战略资源不同，在企业中共享的协调分散的生产技巧和综合企业内部多样化的技术知识，导致企业之间是有差异的。从企业成长的角度来看，企业生产运营中不断积累的知识持续地扩展到生产领域，这些正规的知识在解决企业实际经营问题时逐渐转换成程式化的默会知识，并且这些知识的积累和转换还依赖于企业内部团队的经历和行为准则，因此，企业成长和演化过程中默会知识积累具有独特的性质（Penrose，1959）。演化经济学能力理论强调在不确定条件下企业追求利润是企业知识不断积累、不断适应其外部环境、不断模仿和试错的过程，因此，企业能力是内生性的（Alchian，1950）。知识和能力的积累是企业竞争行为的基础及其长期利润的来源，其中，对企业的竞争行为和竞争优势起关键作用的知识和能力构成了企业的核心能力或核心竞争力。

在不完全信息的约束下，企业的成长就是知识和能力不断积累的过程，由于特定历史条件、社会复杂性和企业初始的资源的不同，企业成长过程中遇到的问题不同，因此，每个企业在解决问题中积累的核心知识与能力都是独一无二的，并且这些知识和技能是企业团队相互配合中逐渐积累起来的、默契的行为模式和解决问题的方法，正式的知识在实践中转换成了只能意会不能言传的默会知识。默会知识由于不可言传而很难通过公开市场获得，因而，从企业成长的角度看，企业积累的知识具有独特的性质，企业是异质的。不同企业在组织专业化生产的过程中，获得默会知识不同，这些知识在具体运用中形成了差异化的动态优势。

演化经济学把企业的异质性假设作为考察企业竞争行为的基础，企业的异质性假设的基本含义包括：第一，企业是一个历史的、内生成长和演化的有机体，企业在成长中所积累的核心知识和能力是独特的和有价值的；第二，企业的核心知识和能力是企业的关键性生产要素，是非竞争性的、难以模仿与替代的。在企业的异质性假设的基础上，企业通过核心知识和能力的积累及其相应的竞争行为或战略获得持续的竞争优势或超额利润，企业的竞争行为及其竞争优势是内生的[①]。

连建辉（2002）对企业异质性进行了总结，认为企业是一个历史的不断成长和演化的有机体，企业在成长中所积累的核心能力是有价值的、异质的、完全不能仿制的、难以替代和不可交易的。企业的核心能力是其获得持续长期竞争优势的基础，并通过核心能力的积累获得持续的竞争优势和超额利润。企业的核心知识和核心能力是内生的，因此，不同企业的核心知识和核心能力完全不同，并且决定了企业的成长、长期租金来源和竞争优势都是内生的。因此，企业是异质的。

2. 企业异质性的现实性

企业的异质性与其说是一种假设不如说是现实，现实中很难找到完全相同的两家企业，即使是连锁企业，如麦当劳、肯德基等，也存在地理位置、消费群体、内部员工、产品等不相同之处。国别、行业、规模、市场、产品、能力等方面使企业存在这样或那样的差异。因此，在认识到企业异质性的基础上，研究分析企业问题则更接近现实、更具有理论价值。

在企业异质性的前提下，公司治理结构和机制不能遵循统一的模式，而要根据公司的实际情况，以提高公司运作效率和创造价值为目标设计相应的公司治理结构和机制。现有的公司治理理论已经认识到了资本结构的不同，公司治理的主要问题也不相同。在股权分散的情况下，公司治理主要解决经营者与股东之间的代理问题，而在股权集中的情况下，公司治理主要防止大股东侵害小股东的利益。家族企业、金融企业等较特殊的企业公司治理问题也各有其特点，因此，这些企业的公司治理问题的侧重点也不尽相同，如商业银行则更加注重债权治理。随着对公司治理问题研究的深入，企业的差异性必然导致公司治理的差异性，因此，不同企业的公司治理不应追求统一的模式，而应根据企业具体特征和具体问题设计适合企业的公司治理机制和结构。

---

① 刘刚．企业的异质性假设——对企业的本质和行为的演化经济学解释[J]．中国社会科学，2002（2）．

第二节 企业的异质性与公司治理

一、企业假设与公司治理

（一）企业同质性假设与股东单边治理

在公司治理理论中，企业同质性假设是股东至上主义的单边治理的关键。在新古典经济学理论中，坚持和推崇股东至上主义，认为由物质资本所有者独享企业所有权的治理制度是最有效率的。这种观点是企业成长的外生性和企业同质性假设的一个合乎逻辑的结论。

在企业的同质性假设下，要素市场是充分流动和高度竞争的，无差异的人力资本可以自由进入企业，因此，物质资本的抵押性是其所有者成为企业风险的唯一承担者。在完全竞争的要素市场中，人力资本获得的固定合约收入是能够完全兑现的，而股东获取最大的剩余收入也就自然等价于企业的最大价值。为了鼓励物质资本的投资以及繁荣经济和监督经营者以防范经营风险，需要赋予物质资本所有者全部的剩余索取权和控制权。因此，无论是从风险防范的角度还是激励的角度，股东独享所有权的公司治理是有效率的。在企业的同质性假设下，无差异的人力资本可以在完全竞争性市场中获得，而物质资本是稀缺的，因此，股东在博弈的过程中利用退出的威胁使其易于获得企业的全部所有权。

新制度经济学企业契约理论也是坚持和信奉股东至上主义。张维迎（1995，1996）提出的“资本雇佣劳动”模型认为物质资本具有完全的抵押功能，而人力资本由于不可分而不具有任何的抵押功能，并且物质资本能够很好地显示企业的经营能力和结果。这些观点集中体现了新古典经济学企业同质性假设的分析传统，因此，新制度经济学的企业契约理论虽然修正了新古典经济学的部分假设前提，以“不确定性”假设修正代替了“确定性”假设，但其分析工具与分析传统依然是新古典经济学的。新制度经济学的企业契约理论只关注于企业的“交易”的本质属性，而完全忽视了企业的“生产”的属性，形成了与新古典经济学一致的股东至上主义的治理观。

（二）企业的异质性假设与利益相关者治理

演化经济学企业能力理论认为企业的本质是组织租金的创造和分配的市场性关系契约。最大化地创造出组织租金是公司治理应首要予以考虑的问题，张维迎（2005）批评了中外公司治理只着重于财富的分配而忽略了财富的创造，忽视组织租金的创造而重视组织租金的分配或企业剩余的争夺，不是公司治理的全部内容，甚至可以说不是主要内容。公司治理的效率标准首先应该是指企业组织租金的最大化，其次才是交易费用的最小化（连建辉，2002）。企业能力理论正是认识到了企业生产的本质属性，才将企业契约属性（交换的属性）安排来保证其生产属性作为公司治理的重点来研究，这也使演化经济学突破主流企业理论的界限来认识和发展公司治理理论。在认识到企业的异质性、成长内生性和组织租金的持续创造来源于企业的核心能力时，股东至上主义的治理观明显不利于各种要素创造价值的潜力发挥，而利益相关者治理就显得更加合理。

企业能力理论认为企业的核心能力和知识是企业在生产中不断积累而获得的，并且与其他企业不同，因此，人力资本专用性投资的不可逆性使人力资本退出企业的损失很大，因而人力资本也就具备了抵押性，并开始承担企业失败的风险。特别在高新技术产业中，人力资本的抵押性和风险承担性尤为明显。因此，企业可以被看作一个相互专用性投资的一个集合，Rajan（1997）和 Zingales（1997、2000）甚至认为企业的本质是“一个难以被市场复制的、围绕关键性资源而生成的专用性投资网络”。随着信息技术的不断发展和社会分工的深化，生产、交换、消费的分离程度日益加深，企业的专用性投资就不仅包括人力资本和财务资本了，企业外部的顾客、原材料的提供者、社区等都在这样的“网络”中进行了专用性投资，因此，利益相关者承担了企业运行的风险，并具备了抵押性，理应参与公司治理。

在企业的异质性假设下，股东利益最大化不再等价于企业价值最大化。组织租金持续创造主要来自企业内部无法通过市场来定价的非竞争性要素，其中重要的是人力资本。人力资本价值包括可以通过公开市场来定价的市场合约收入和组织租金创造中的价值，而后一部分是无法通过市场来定价的，因此不能在事前通过契约计量。在高新技术产业中，人力资本的专用性特征非常明显，当企业面临严重的财务困境时，破产在保证财务资本价值的同时，明显地侵害了人力资本所有者的利益。因此，在企业的异质性假设下，股东利益最大化并不等于企业价值最大化。

在企业的异质性假设下，企业的成长是内生性的，人力资本等非资本要素的作用越来越突出。各种要素专用性投资，使要素之间的相互依附关系越来越明显，如零配件企业对生产企业的依附和销售企业对生产企业的控制、人力资本与财务资本的联系、企业与社区的共生等。这些都表明了企业利益相关者在分享企业所有权和组织租金分配上的谈判实力增强。

在企业的异质性假设下，人力资本和其他的利益相关者在企业的租金创造中发挥着越来越大的作用，因此，利益相关者参与租金的分配就成为必然，股东至上主义的治理观已经失去了经济基础和理论根基，利益相关者治理则更能保证企业持续地创造组织租金。

二、企业异质性的来源与公司治理

（一）企业的异质性来源

企业的异质性是企业生存发展中知识和能力积累的结果。企业核心知识和能力的积累过程存在路径依赖、社会复杂性和因果关系的模糊性等导致了企业差异性。企业生产属性和契约属性是企业的两个本质属性，因此，我们从其两重性的本质去研究企业的异质性来源。

1. 资源基础观

熊彼特（1912）认为，经济发展在本质上是企业家发现市场获利机会，并通过生产性活动和资源的重新组合实现利润的过程。利润是企业家才能和创新性活动的回报，资本家获得的只是承担风险的利息，企业家的创新精神和实施创新的能力作为企业的关键性要素是非竞争性的，是企业存在和发展的根据。奈特（1921）认为在不确定性的条件下，“企业家判断”是决定企业生存的根据，“企业家”必须依赖“判断”这种以直觉处理复杂的、不完全信息的能力，而这种能力在社会成员之间的分布是非对称的、稀缺的和非竞争性的，构成了企业的“基础资源”。潘罗斯（1959）认为企业是一个生产资源的集合，这些资源可以生产产品（或服务），资源及其产品是企业专业化的基础。在要素市场不完全的条件下，企业在要素市场上获得的资源是具有差异的，企业必须高效地配置这些差异化的资源，生产出相比其他企业而言成本显著低或者具有差异化的产品，从而获得不同的竞争优势。

在产业组织理论中“进入壁垒”和“先发优势”实际上是认识到了企业之间存在着要素资源的差异，其原因在于要素市场是不完全的。Barney（1986、1991）指出，企业的竞争优势只能来源于要素市场的不完全性，企业实施竞争性战略的关键性资源是企业内部长期发展的结果，难以通过市场公开获得。Langlois（1994）把企业生产所需的生产要素划分两类：竞争性和非竞争性要素，认为如果所有的资源都是可竞争的，生产成本将无法解释企业的存在，因为市场总是可以做得和企业一样好，在这种情况下，企业是同质的，交易成本可以解释企业存在和边界问题；动态地看，企业关键性资源和要素的非竞争性是企业存在和发展的根本，这种非竞争性的资源往往是企业内部长期积累的知识和能力，并且不能通过市场交易获得，是企业获得长期的竞争优势的根本。

2. 知识和能力观

潘罗斯（1959）认为企业是一个知识和能力的集合，企业长期运作过程中积累的知识和能力具有异质性和整体性的特征。知识和能力的生产特征是企业存在的基础，企业的规模扩张或者并购是为了从多余的知识和能力上获得利益，尤其是多余管理能力和技术能力，而这些多余的能力是不可分割的，并需以整体的形式出现，所以多余的知识和能力不能通过市场交换而获得收益。

从动态的角度看，企业生存和发展的关键要素是长期运营过程中积累的知识和能力。企业知识和能力的积累过程往往是正式知识（或者书面知识）不断应用试错的过程。在该过程中，正式知识逐渐转换成为企业内部的非正式知识（默会知识）。默会知识是组织内部团队成员之间长期相互默契配合的结果，包括个体专用性知识和团队共同知识。默会知识的使用和分享必须建立在共同经验和共同操作的基础之上，企业内部不同部分或者团队的知识和能力之间又存在专用性和互补性特征。专用性是指每个团队的知识和能力是带有差异的、不能互相模仿。互补性是指各个团队之间也需要默契而配合才能使企业高效地运作。核心知识和能力的专用性和互补性特征决定了它难以通过市场进行定价和配置，因此是非竞争性。其他企业要想获得同样的或者相应的知识和能力只有通过自身的内部积累。

3. 契约差异观

构成企业的要素（基础资源）往往不尽相同，即使是由相同要素构成的企业其各种要素的配置比例和贡献程度也是有差异的。企业契约必须要体现各种要素的配置比例和贡献程度，这样才能使各要素主体获得恰当的激励，才能使各种要素尽可能地发挥其作用，提高企业运作效率。因此，从企业的契约属性上看企业也是具有差异的。

（二）企业异质性来源与公司治理

企业的异质性的来源主要是关键资源和能力，Rajan 和 Zingales（1998）认为构成企业的关键资源不仅包括人力资本和财务资本，而且还包括信息、知识、创意、客户关系等，公司治理必须考虑如何配置关键资源以提高企业的运作效率。Shleifer 和 Vishny（1986）认为在股权比较集中的情况下，公司治理的主要问题不是股东与经理人之间的代理冲突，而是第一大股东与中小股东之间的代理冲突。不同的企业股权结构、资源配置比例都会导致公司治理要解决的主要利益冲突不同，因此，具体企业的公司治理机制和结构设计应考虑公司生产经营的实际情况，在公司治理制度的设计上还要考虑与其他制度（尤其是管理制度）的互补性。

在经济学领域内讨论企业的异质性有很大的局限性，而在管理学领域内企业异质性的来源就有了相对较多的论述。为了更好地论述企业异质性的来源以及对公司治理的影响，本书尝试将企业的异质性用管理学的概念来解释。前面论述了企业的异质性表现的几个方面，包括企业规模的大小、产品的差异、利润的差异等，在管理学领域内，这些异质性主要是企业战略资源存在差异和企业长期战略竞争的结果。

1. 企业异质性的来源：战略资源的差异

企业的战略资源是不能在市场上通过交易的方式获得的、对于企业生存发展起到关键作用的能力和物质资源。任何一个企业的资源都是有限的，其原因在于要素市场的不完全性和竞争性。即使在发达的市场经济中，要素市场也是不完全的，尤其是对企业战略起决定作用的各种能力，如管理能力、生产能力、营销能力等。不完全的要素市场导致了不同企业战略资源的差异性，这些差异性影响着企业的行为和战略的选择。企业初创期组织的战略资源往往影响着企业未来的生存和发展方向，这主要是由于企业在生产经营过程中也存在路径依赖造成。很多家族企业通过家族的关系将一些战略资源组合在一起，这些战略资源初始的构成关系和比例，对企业选择战略和权利安排都起到了决定性的作用。

2. 企业异质性的来源：竞争战略的结果

综合考虑企业的内部资源和外部环境，企业作出合理的选择战略，是企业生存和发展的关键，尤其是竞争战略往往在动态的过程中形成了企业之间不同的知识和能力。

企业为了获得竞争优势，往往根据外部环境和自身的资源与能力做出不同的选择，波特认为企业竞争战略主要有成本领先、差异化和集中战略，不同的战略选择主要是综合考虑外部市场的机会和威胁与企业内部的资源和能力。在同一行业中规模较大的企业往往采用成本领先的竞争战略，以较低的价格在市场上出售商品，即获得产品价格上的差异；在同一行业中规模较小的企业无法获得规模经济，往往会采用差异化或者集中的竞争战略。无论是何种竞争战略都显示了企业内部资源和能力对企业竞争优势的决定性作用，公司规模大往往和成本低廉相联系，不具备规模效应的企业则往往另辟蹊径，利用自身灵活性的特点设计差异化的产品。

企业选择竞争战略的也同时决定了各种要素在企业中的不同作用或者贡

献。企业选择成本领先战略，往往要求企业的规模要大，这就使财务资本成为该战略的决定性因素，因此，为了鼓励投资，财务资本就应该在公司治理中占主导地位，即股东至上主义可以使企业获得成本领先的优势。在企业选择差异化战略时，技术则成为该战略成败的关键，即技术成为该企业获得竞争优势的重要资源，而技术的载体——人力资本就应该在公司治理中占主导地位，即“劳动雇佣资本”。企业选择集中战略时，往往选择就近的市场或者特定的市场作为目标市场，并集中企业资源满足该市场的需要，由于目标市场较小，市场很容易被某一主体①所控制，因此，在公司治理中就要考虑企业外部的利益相关者的作用②，而这时的治理作用往往是通过特殊契约的形式实现，如沃尔玛和供货商签订的低于市场平均价格的供货契约就是对供货商剩余收益的剥夺。

在现实中，OEM 的企业往往技术要求不强，而需要大量的财务资本实现规模经济以降低生产成本，获得竞争优势，而技术往往不是获得竞争优势的关键因素。高新技术企业中，技术在企业发展的过程中起着决定性作用，因此，这些企业人力资本在剩余控制权和剩余收益方面则占优势。在商业资本控制产业资本的过程中，决定企业成败的就是市场，谁控制了市场渠道谁就可以控制整个产业链，这就使销售商通过控制市场而控制生产企业。如果在产业链条中原材料的供给相对集中，控制下游企业的就是原材料的供货商，如我国的钢铁企业受铁矿石企业的制约。从价值链的角度看企业的竞争能力使我们更能清楚地认识到供货商、销售商等企业外部利益主体都有可能通过契约参与或者控制企业的运作，这就使供货商、销售商有机会参与到公司治理中来。

① 该主体可能是企业也可能是社区等，商业资本通过控制产业资本的市场而控制产业资本，如苏宁、国美控制家电市场而控制家电企业。社区的某些准入制度也控制着生产企业的目标市场，如我国的烟酒市场就存在地区垄断，教育管理机构选择哪个商业保险公司给学生投保等。

② 企业通过契约的形式将各种生产要素结合在一起，而某些要素并不以固定的形式结合在企业内部，而是以临时契约的形式将某些要素和企业生产结合起来，当然这些结合往往缺乏法律保障，企业要素的外部提供者为了在长期中避免专用性投资的风险也会通过持股的形式参与企业的经营。

三、企业的异质性与公司治理的差异性和动态性

企业在市场竞争中的优势不同，决定了企业获取竞争优势的关键资源不同，关键资源在企业生产中的作用决定了其在契约谈判中的讨价还价能力，决定了剩余控制权和剩余收益权的分配比例。在不同企业中，生产要素的作用不同就会导致分配到的剩余控制权和剩余收益权不同。因此，企业的异质性假设要求公司治理要与公司现实的竞争和发展相适应，要以企业顺利发展和价值创造为最终目标。

（一）公司治理结构和机制应体现关键资源的重要地位

同一企业在不同的发展阶段，各种要素所起的作用不同，公司治理的制度安排亦不同，这就是公司治理的动态性体现。企业在初创期，无论是高新技术产业还是一般的加工制造企业，往往需要大量的资金投入，此时，财务资本决定着企业生存和发展，很多创业企业的失败就在于财务资本的不足而导致无法持续经营。在企业的成长期过后，人力资本在运作的过程中通过不断积累，即不断地进行了专用性的投资，成为企业成败的关键资源，而此时企业出现了大量的剩余资金，资金不再是企业成败的关键了。风险资本往往在企业的初创期进入企业，而在企业基本成熟时退出企业，就是基于初创期财务资本的贡献大，获得的回报高，而在成熟期财务资本的作用日益下降，人力资本的作用日益上升，因此，风险资本往往在 IPO 后将其股份转让给企业的经营者。在企业动态发展的过程中，初创期公司治理主要是为了防止经营者侵害出资者的利益，而在成熟期后人力资本的专用性、抵押性增强，就要防止财务资本退出给企业带来不良的影响。因此，在企业发展的不同阶段公司治理的目标不尽相同，即公司治理在同一企业内部是动态发展的。

（二）公司治理结构和机制应有利于公司不同阶段目标的实现

不同企业的发展阶段不同、竞争优势不同，公司治理的目标、主体、对象、权力分配不同，即公司治理的异质性。OEM 企业获得竞争优势的关键

是扩大企业规模降低生产成本，财务资本相对于其他生产要素就显得稀缺，因此，公司治理的目标就是股东价值最大化、主体是股东（资本雇佣劳动）、对象是经营者。高科技企业获得竞争优势的关键是技术，人力资本相对于其他生产要素就变得稀缺，因此，公司治理的目标就是人力资本的价值最大化、主体就是人力资本（劳动雇佣资本）。在信息经济时代，构成企业的生产要素不仅局限在劳动和资本上，其他的生产要素因为在企业的生产中起到的作用不同，也会影响公司治理的制度安排。同一行业的不同企业由于发展阶段不同，各种资源在企业中所起的作用也不尽相同，因此，公司治理的安排也不应相同。综上所述，在企业异质性假设条件下，公司治理安排不应追求同一模式，而应相机而行。

（三）公司治理结构和机制应有利于公司竞争优势的保持

不同的企业或者同一个企业不同阶段竞争优势的来源不同。在激烈的竞争中客户资源往往会是企业获得和控制市场的关键，也是企业竞争优势的来源，而现实中大量企业往往忽视营销人员对客户资源的控制，在剩余控制权和剩余收益权的分配中未能体现营销人员的作用，因此，营销人员通过跳槽或者重新设立新公司的形式侵害企业利益的案例比比皆是。公司治理结构和机制的设计应重视企业竞争优势的获得来源，在剩余控制权和剩余收益权的分配中体现获得竞争优势的关键要素的作用，这样才能避免关键资源从企业中分离而导致企业失去竞争优势。

（四）公司治理的机构和机制应与企业的规模相适应

企业规模的不同，使公司治理主要问题也不相同。中小企业规模小，所有者对于公司经营管理的介入度较高，所以委托 - 代理问题并不明显，而缺乏资源是限制中小企业发展的主要瓶颈，因此，中小企业的董事会主要功能在于提供企业的资源，而非监督管理层（谢绚丽等，2011）。大型的上市公司或者企业集团规模庞大，企业内部利益关系复杂，所有者参与管理程度不高，代理问题就比较突出，公司治理则主要解决利益分配的问题。

第五章

公司治理的自组织理论

公司要素主体的动态发展和能动性与企业的多样性和动态发展，使公司治理系统成为一个开放的复杂系统。公司治理系统作为一个复杂系统在发展和演化过程中则带有自组织的特征。

第一节　公司治理的自组织特征

一、公司治理是一个开放的系统

开放性是自组织系统的基础条件，只有开放系统才能不断地和外界进行物质、能量和信息的交换，获得外界的“负熵”克服系统内部随时间不断增大的“熵”，才能使系统从无序向有序发展。

把公司治理系统看作一个有限开放的系统，必须先界定公司治理系统的边界和外部环境。公司治理作为经济系统的一个子系统，主要协调通过契约结合在一起的各种要素主体的利益关系，从而形成提高公司运作效率的一系列制度。这些制度安排构成了一个相对完善的系统。该系统由公司的所有者、经营者、员工、顾客、供货商、社区、国家等要素构成，系统内部各要素相互影响，构成了复杂的非线性关系。系统内又包括内部治理子系统和外部治理子系统，内部治理子系统是公司治理系统与企业系统交叉的部分，外部治理子系统是企业系统外部的部分。因此，公司治理的外部环境包括一部分企业内部环境和整个的企业外部环境（见图5.1）。

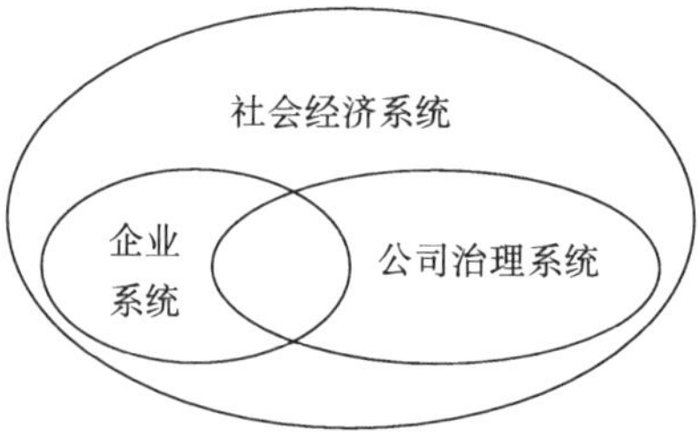

图5.1 公司治理系统与企业系统、经济系统的关系

公司治理系统是一个开放的系统，该系统不断从外界环境（包括社会文化环境、经济环境、自然环境、技术环境等）中吸取“负熵（有利于公司治理的理论、信息、资源、技术、人员等）”、克服“熵（公司治理系统导致公司治理效率低下的结构、机制、惯例等）”，在适应外部环境的过程中表现出了自组织的无序到有序的特征。无论是内部治理子系统还是外部治理子系统，在社会经济发展完善的过程中，不断地从外部经济环境中获得理论、信息、技术等，并将这些理论、信息和技术应用在公司治理的制度安排上，从而使公司治理达到有序高效的阶段。

公司治理作为一个开放的系统，从外部环境获得的“负熵”主要包括如下几个方面：

1. 生产要素

企业生产要素包括的种类众多，这决定了公司治理涉及众多主体，并且这些主体不断地从公司治理系统中流出流入，构成公司治理自组织过程中的“负熵”。公司治理作为一个开放的系统，系统内包括资本、经营者、员工、供应商、顾客、社区和政府等，资本进入退出、经营者选聘离职、供应商更换等成为公司治理系统中的“负熵”，不断克服公司治理系统内部随时间而增加的“熵（企业内部各要素主体之间的利益冲突，如代理问题）”，使公司治理从无序达到有序。资本进入退出、经营者选聘离职、供应商更换等活动最终形成了能够很好使各要素主体获得相应剩余控制权和收益权的制度安排。在这些制度安排下，各要素所有者利益协调，企业高效运作。

2. 外部信息

公司治理系统不断地从外部获得信息，这些信息包括技术信息、国家经济政策、法律法规、国外公司治理等。为了不断完善公司治理系统，需要国家立法界定公司治理主体的经济利益，保护信息劣势要素主体的经济利益。技术信息对企业的运作模式产生影响，而运作模式的改变会改变各要素在企业运作中的地位①，这些不断变化的地位使公司治理处于不断的动态变化之中，也是公司治理从原平衡态向新平衡态发展的动力。新技术或者新的要素加入企业的运作中，打破了原有的要素主体之间的利益平衡关系，产生新的利益冲突和博弈过程，利益冲突不断发展和协调，则利益关系会达到新的平衡，新奇的不断产生使平衡不断地被打破，又不断地构成新的平衡。公司治理系统的发展呈现出螺旋上升的特征。

二、公司治理的非均衡性

自组织理论认为"远离平衡态"为有序提供了动力，也是有序的根源。公司治理系统作为一个开放的系统，在不断地从外界获得物质、能量和信息的过程中，差异、非均匀、非平衡是长期存在的，均衡是短暂的。不同企业公司治理系统中董事会、股东会以及监事会中的人员、结构、权力等都存在差异、权利和人员的配置也是非均匀的，不断发展的经济个体使权力的配置往往是不均衡的。

公司治理系统中人员的构成非常复杂（差异性），人员能力和权力在公司治理系统中也不是平均分配的，在公司不断发展过程中权力和利益多数处于不均衡的状态。不同的要素通过契约组织在一起构成了公司制企业，这些要素的主体无论是能力还是偏好都存在差异性，这就导致不同的要素主体的

---

① 在第四章论述企业的异质性来源时强调了企业的不同竞争优势对企业各要素的作用产生影响，因此各要素在契约谈判中的地位就有所不同。

经济目标不一致，竞争的利益关系使公司内部矛盾普遍存在，要素主体之间的利益矛盾就构成了公司治理不断发展的动力。

就公司的权力和利益的分配是非平均的这一论点，前面曾论述了不同要素对企业的贡献程度不同，因此，获得的剩余控制权和剩余收益权不同。在公司长期发展过程中，各要素对企业效率或者竞争优势的贡献程度是不断发生变化的，如创业期财务资本是企业存续的关键，而在成长期后人力资本成为企业获得竞争优势的主要来源。动态变化的要素贡献程度是公司治理利益和权力协调非平衡的来源。为了提高公司运作的效率，就需要在权力和利益分配上体现稀缺资源的价值和贡献，使稀缺资源获得较多的权利和利益。企业动态发展的过程使资源稀缺性和对企业竞争优势的贡献度也是动态变化的。解决旧利益矛盾的制度安排或系统，在不断获取“负熵”时则会产生新的矛盾，因此，原有的平衡态被打破，公司治理系统长期处在非平衡的状态。动态变化的资源贡献使公司治理中权力和利益的冲突长期存在，而冲突和矛盾成为公司治理系统发展的动力。

三、公司治理的非线性关系

企业作为多种要素的结合体，其内部各要素主体之间的相互作用是非线性的。企业构成的复杂性、内部主体之间、内部与外部环境之间的相互作用是非线性的原因。构成企业的要素主体具有多样性和复杂性的特征。上市公司股东从身份上可以分为国有股、法人股、外资股和个人股。法人股的身份背景还很复杂，如法人就企业制度上分为有限责任公司和股份有限公司，如果再考虑法人的实际控制者，则可能是个人控股、家族控股、国家控股或者某一法人控股，复杂的法人身份使法人股在公司治理中担任的角色和追求的目标不但具有差异性，还具有复杂性。人力资源不仅包括公司高级管理层，还包括中层管理者和一般员工。企业内部的每个员工无论在知识与能力上，还是在价值取向上都具有差异性。差异的和复杂的要素主体之间、主体与环境之间还存在着相互作用，这就使公司治理中某一要素与公司治理绩效很难存在线性的决定关系。个人股通过“用脚投票”影响控股的法人股或者国有股的行为，法人股通过“用手投票”影响个人股“用脚投票”的方向。企业内部高层管理者与中层管理者之间的委托-代理关系和行政关系交叉。相互影响的要素使公司治理主体之间存在非线性的关系。

企业构成的多样性、复杂性和相互作用，使企业内部的某一变量与另一变量之间不可能存在线性联系。从复杂性的角度考察，公司治理作为一个复杂系统，通常由许多子系统组成，它们之间存在复杂的非线性相互作用，这些相互作用的主体又构成了一个纵横交错的公司治理系统，因此，公司治理不能只考虑单一主体和单一指标。复杂系统的非线性特征表现为企业能力不具有加和性，部门能力之和并不等于企业整体能力；部门目标的实现，也并不意味着整体目标的实现；部门之间的职能和权限范围较难完全划分清楚；企业整体创造的价值不能由单个要素创造的价值简单相加。

在公司治理过程中，由于个体行为的不可预测，在不同的时间和条件下对个体进行同样的激励产生的效果可能不一样。每个公司都是一个复杂的有机体，对初始条件、参数和环境的微小扰动也具有不同的敏感性，因此，同样的治理方法也可能导致不一样的结果①。

开放系统要从无序向有序发展并使系统重新稳定到新的平衡状态，还必须通过系统内部要素非线性相互作用来完成。自组织理论认为非线性互动能使系统各要素间产生协同作用和相干效应，从而使系统由无序变为有序。公司治理系统内部股东、董事会、监事会、经理层同时进行收集信息、处理信息、指令输出等活动，因此，公司的权利、业绩和利润分配是非线性决定的，如经营者努力程度由于不确定性并不和其收益线性相关，董事会和监事会的结构也不和公司治理效率线性相关。在复杂经济系统中，人的能力是有限的，这种有限源于不确定性，而不确定的根源就在于经济系统中的非线性联系。经济系统的非线性主要是由于经济系统内部各要素之间存在相互的联系和反馈，相互的作用使各要素受其他要素的影响是多维度的、多层次的。如系统内部 A 要素一方面直接影响 B 要素，另外 A 要素又通过影响 C 要素影响 B 要素。公司治理系统的各个子系统之间和各个组成部分之间都存在着

---

① 杨纯玲．公司治理复杂系统研究［D］．广州：暨南大学，2004.

控制与反馈，这种控制与反馈不仅涉及两个主体甚至涉及多个主体，多个主体的复杂联系构成复杂的公司治理系统。外部环境的复杂性，对公司治理内部主体的影响也不相同，甚至是外部某一环境变量改变对公司治理的主体的影响也是不同的，这种影响又相互作用，形成复杂的非线性的关系。

四、公司治理系统中的涨落

公司治理系统中，无论是内外部治理子系统，还是其中的董事会、监事会、产品市场等构成要素，一方面独立发挥着治理作用，另一方面也协同发挥治理作用，如董事会作为公司的常设机构在公司治理中独立地协调所有者和经营者的权力利益，其他利用产品市场获得的信息监督经营者的行为，即董事会和产品市场协同发挥治理作用。不同的国家，甚至不同的公司，公司治理系统中各个部分发挥的作用并不相同，如英美公司治理中发挥主要作用的是外部治理系统，而日德公司治理系统中则是内部治理发挥主要作用。不同公司的董事会、监事会的构成不同，经营者与所有者的利益冲突不同，往往也会导致公司治理系统中各个组成部分发挥的作用不同。公司治理系统中各个部分的差异性使公司治理存在“涨落”，如随着某一公司的发展，企业规模扩大导致经营者工作的难度增加，经营者（人力资本的所有者）就要求增加剩余控制权和收益权；反之当一个公司规模收缩或者其他的原因造成经营者工作的难度减小时，所有者（财务资本的所有者）就要求减少经营者的剩余控制权和收益权。当然，公司的动态发展，必定使公司各要素在运营过程中发挥的作用是不同的，即存在“涨落”。这些“涨落”形成了公司治理中永恒的矛盾，成为公司治理逐渐向有序或者从一个有序向另一个有序发展的动力。

第二节　公司治理的自组织理论

经济系统的非线性作用和非线性涨落是经济系统远离平衡态并产生耗散

结构的两个重要的条件，沈华嵩（1991）论证了经济系统的不可逆性、不确定性和非线性等特征，阐述了经济系统的自组织理论，为经济研究提供了新的方法论，循着该研究方法，本书重新对公司治理机制和手段产生的原因或过程进行了阐述。

一、自组织系统的主要功能

自组织过程是系统各要素之间相互作用形成具有一定功能、结构的有序状态的过程，系统内一个要素的行为变化，必然引起其他要素的反馈，并发生相应的行为变化，反过来该变化又影响到原要素，形成复杂的相互影响的非线性关系。自组织系统从一个无序、混乱的状态转变为一个有序、复杂、非平衡的稳定状态。按照自组织过程实现的不同系统功能或方式，自组织过程中包括：自创生、自生长、自适应、自复制等方式。在实际系统中，同一自组织过程常常同时包含几种方式[①]。如果把自组织系统看作生物系统中的一个有生命的个体，则这些自组织方式可以被看作自组织系统的功能。

（一）自创生功能

自创生功能是指系统在没有特定外力干预下系统从无到有地自我创造、自我产生、自我形成的功能。自创生强调系统不断地从外界获得能量、物质和信息进行自我发展的过程中，系统出现原来不曾有的新状态、新结构和新功能。自创生不能用某种组织理论来解释自创生前后系统状态之间的联系，即不存在因果关系。自创生的基本方式是差异的整合，即许多被当作未来系统的元素和子系统的组合分解或实体经过整合而形成统一整体。从没有被整合的事物群体到经过整合形成具有新的突现性的统一整体，就是新系统的创生过程。新状态与原来状态相比有序度提高称为自创生，而新状态与原状态相比有序度降低称为自坍塌。除人类有意识地创建的系统外，现实世界的系统都是自我创生的。自创生是自组织系统能够不断自我完善、提高的过程，

① 韩国文．演化经济学视野下的金融创新［D］．武汉：武汉大学，2004.

使系统逐渐达到有序的状态。

（二）自生长功能

自生长功能是指自组织系统整体除了规模变大以外，其余形状、性质、特点均不发生变化，系统保持不变的结构、功能。自生长从系统整体层次角度描述了自组织系统的状态随时间演化发展的功能。生物系统中生物体自身生长发育、种群的扩大发展，社会系统中社会组织、企业规模的扩大、子系统数目的增多，都表现出自组织系统自生长的功能。

（三）自适应功能

自适应功能是指自组织系统通过调整自身的结构、状态、功能，以达到适应外部环境的功能。自适应强调的是在外界环境发生变化时，自组织系统能够自我适应环境的能力和功能，系统内出现的新结构、新状态、新功能是其适应环境变化的表现。自适应与自创生的区别在于，前者强调系统外部环境发生变化时系统状态自我调节以适应环境的能力，而后者强调系统自我发展的过程中出现的新结构、新功能。

（四）自复制功能

自复制功能是指自组织系统不需要借助外界动力，能够自我复制的功能。自复制功能强调构成系统的个体或者子系统能够进行复制的能力，强调具有某种性质的子系统自我复制的能力，如生物系统中个体自我繁衍和种群繁衍的能力，被复制出来的个体或种群的性质与原来的性质完全一样。系统中子系统或个体具有自复制功能才能使系统在自组织过程中形成的有序状态和自组织本身得以保持下去。在自组织系统得以保持的前提下，自创生、自生长、自适应才能够得以存在，如生物系统中一个种群只有具备繁衍的能力才能不断地创生、生长和适应自然环境的变化，而一旦失去自我繁衍的能力将导致该种群的灭亡，自创生、自生长、自适应则更无从谈起。

二、公司治理的自组织原理

公司治理作为一个自组织系统，与外界不断地进行能量、物质和信息的交换，可以自发地从无序向有序发展。公司治理自发地向有序发展过程中存在下列几种现象。

（一）公司治理中的自创生

公司治理过程往往会不断产生新问题和新矛盾，在解决这些问题和矛盾的过程中，治理机制逐渐完善，这就是公司治理的自创生。公司治理在早期主要是要解决经营者利用法人财产的实际控制权侵害所有者利益的问题。随着经济、技术的不断发展，构成公司的要素不仅包括资本和劳动力，还包括供货商、顾客、社区等，这就产生了新的利益冲突和矛盾。公司治理的复杂程度，公司协调各要素主体的经济利益的难度也就增大了。

早期公司治理主要通过激励和约束机制，从主动和被动两个方面防止经营者侵害所有者利益，而随着公司治理研究的深入、涉及的主体增多，公司治理的复杂性增强，这就对公司治理提出了更高的要求。当然，在公司治理的理论研究和实践中，为了解决不断涌现的新问题和新矛盾，新的治理手段和方法不断创生，公司治理的水平也不断地提高，协调各要素主体利益的能力会不断地增强，如我国公司治理在 20 世纪主要以监事会为主，在 21 世纪公司治理系统中不仅引进了独立董事，还加强了舆论监督、立法等外部治理手段。

（二）公司治理中的自复制

公司治理中的自复制，是指在不同国家或不同公司之间，公司治理机制和结构被复制的过程。随着社会生产力的不断发展，为了满足社会化大生产的需要，公司制企业产生，随之代理问题成为公司要解决的首要问题。不同的国家引入公司制企业的时间不同，解决公司治理问题的方式方法不同，但是随着国际投资的不断扩大，不同模式的公司治理机制和结构开始相互复制，甚至出现了公司治理趋同化。

公司在分立的过程中，公司治理系统会自动复制到新的公司，尤其是内部治理子系统。公司治理系统中的自复制是不同国家、不同企业相互学习的表现，正是这种相互学习保证了公司治理系统发展的基础。我国公司治理早期按照日德模式组建了监事会，即复制了日德公司的治理系统，而后我们又借鉴了英美模式中独立董事制度。公司治理系统的自复制是企业在认识到公司治理问题时首要的一个解决方法，当然不同的国家、不同的公司，公司治理外部环境不同，还需要根据其外部环境的特点设计适合的公司治理机制和结构。

（三）公司治理中的自适应

公司治理的自适应，是指公司治理内部主体能够与外界环境以及其他主体进行交互作用，并调整自己的行为和状态以适应外部环境的变化和主体的变更。演化经济学的方法论是个体与环境的互动主义，个体行动受到环境的约束和塑造，又能通过互动来调整预期并改变环境（黄凯南，2010）。协同论认为，在系统开放条件下，系统各子系统之间以及系统与环境之间产生了协调、同步、默契的非线性的相互作用。在企业长期运作的过程中新奇不断产生，即环境不断地发生变化，企业对新奇的适应性就是自适应，例如，为了产生正的利润或提高企业核心竞争力等，企业家往往会利用新知识、新技术，即企业对新知识和新技术的适应。公司治理系统同样具有自适应性。

公司治理系统中，各要素主体会根据其他主体的行为和环境的变化来调整自身的状态和行为，并且能够通过激励和约束对其他要素主体调整行为和状态施加压力或提供动力，以形成新的行为和状态，使自身发生适应性变化，并使公司治理系统整体做出适应性的变化。

复杂系统的自适应性有两层含义，即主动适应和被动适应。经济系统在某种程度上可以和生命进化系统相类比，只是经济系统中的个体具有一定的“预见性”，这种预见性来源于个体间的交互（如通过学习获取知识）和个体与环境的交互（适应环境）。根据达尔文的进化理论，按照“适者生存”

的原则，每一个智能个体为了自身的生存，必须追求各自的效用值优化，并对所处系统未来发生的变化进行合理的预见，从而相应地调整自己的行为和状态。公司治理系统中各要素主体会不断地与外界和其他主体进行交互，并根据历史的经验和外部环境的发展趋势，进行合理的预见，不断调整其在公司运作过程中的行为和状态，以适应外部环境的变化，如生产企业的经销商意识到生产企业的竞争和产能过剩时，往往会通过特殊的购销合同（低于市场价格的包销或者收取入场费等）参与生产企业的收益分配，即通过商业资本控制产业资本的形式参与到公司治理系统中。公司治理在发展的过程中一方面作出主动适应环境的调整，另一方面在外部环境发生实际变化时作出适应性的调整，即被动适应。随着企业的规模不断扩大，企业经营的难度倍增，企业的所有者的经营能力已经不适应企业的规模，在企业的运作出现亏损等特征时，所有者会将企业的实际生产经营权转交给职业经理人出现两权分离。为了解决两权分离中经营者侵害所有者利益的新问题，“三会四权”的内部治理结构就产生了。公司治理的进化和发展是构成公司的要素主体不断适应环境的过程，各要素主体为了自己的经济目标，在环境变化时不断地调整自己的行为和状态以适应环境的变化。

（四）公司治理中的自生长

复杂系统中的自生长是系统由小生大、由简入繁、由低到高的自我发展的过程，自生长不仅仅是系统由小到大的简单叠加，而是系统在由小到大的同时由简单到复杂的有机结合或者是低级到高级的跃升。组织之间的相互作用使得整体大于部分之和，因此更大的整体并不是更大的总和，它们形成了有机结构而非简单叠加。这种交互叠加使企业出现多样性、复杂性的特征，要素之间的组合变得重要。公司治理系统各个组成部分按照它们的关联性相互作用、相互补充、相互制约促使公司治理系统自我发展和自我完善。公司治理系统的自我完善是公司治理发展过程中“主动合规”的自主性治理。

公司治理的自生长是公司治理主动适应自身和环境变化的结果。甘德安（2010）论述了家族企业公司治理系统中的涌现性认为，所有权与经营权相分离、所有权分化、所有权市场化影响着公司治理系统的形成，公司治理系统经历了交互监督、简单治理、复杂治理和现代治理四个过程，形成了较为完整的内部公司治理运行机制。如果把公司治理作为一个循环的过程，在公司治理的实践中，各要素主体不断地发现问题，为了自身的利益，这些要素主体通过谈判机制和退出选择等手段，重新安排剩余控制权和收益权。综上所述，公司治理系统能够不断地从低级向高级发展，呈现出自生长的特征。

三、自组织理论下公司治理系统的发展

（一）政府在公司治理系统发展中的作用

自组织理论认为有限开放的系统能够自动地从无序向有序发展，或者是从一个稳态向另一个稳态自动的发展。如果将公司治理作为一个有限开放的自组织系统，那么是否意味着政府[①]对公司治理系统的发展可以不进行任何的干涉，只需要做好“守夜人”就可以了呢？答案是否定的，政府制定的法律法规和产业政策是公司治理的外部环境的一部分，公司治理系统要根据该环境的变化作出适应性的调整，因此，政府在公司治理系统的发展中依然起着重要的作用。

在全球200多个国家中，每个国家经济发展水平不同、经济模式、企业组织结构不同，公司治理问题的侧重点也就不同。全球之所以存在不同的治理模式也正是出于这个原因。经济发展水平不同的国家经济发展模式不同，表现在企业中就是各要素主体在企业中的相对地位不同。相对地位不同是由要素在企业竞争优势的获得或者是价值创造的贡献程度不同造成的，为了激励各要素主体参与公司共同生产，剩余控制权和剩余索取权的配置就应与此相适应，即公司治理结构和机制就不相同。如经济高度发达的美国以高新技术为主要产业，其经济模式要求在公司治理中体现人力资本所有者的贡献和地位，因此，英美国家立法中保证了人力资本在剩余控制权和收益权配置中的优势，而我国现在的经济模式是以加工制造为主，这就使财务资本在企业

① 此时的政府是作为宏观经济的调控或管理者，而不是构成公司的某一项要素的所有者。

组建和运作过程中的地位凸显，因此，我国当前的公司治理立法中强调了对财务资本所有者的保护。

国家在公司治理模式形成的过程中一方面通过立法，使公司治理朝着适合国家经济发展模式发展，另一方面国家制定的产业政策也影响者公司治理系统的外部环境。英美国家注重直接融资环境的建设，使英美公司的股权分散，公司治理主要解决的问题是“经理人革命”，而日德注重间接融资环境的建设，使日德公司的股权相对集中，因此，日德公司主要解决的是“内部人控制”。我国经济建设在“十一五”后要逐渐由制造向创造发展，这就要求国家一方面在立法中保证人力资本和财务资本所有者的剩余控制权和剩余收益权，另一方面要积极建设直接融资环境，降低财务资本在公司设立和运作中的重要地位，提升人力资本在企业中的地位，使其在与财务资本的谈判中获得优势，从而使其获得更多的剩余控制权和收益权，以激励人力资本发挥作用。

（二）要素主体在公司治理系统发展中的作用

现代企业构成要素众多，包括财务资本、人力资本（管理者和技术人员）、顾客、供应商、社区等，这些要素构成了企业生存和发展的必要条件，其所有者构成了公司治理系统中活跃的主体。各种要素所有者的经济利益不一致，甚至是相互矛盾的，这种利益冲突和矛盾是公司治理系统不断发展和演化的动力。不同的企业每种要素所起的作用并不相同，即要素在企业中的作用并不等于平均值，因此，偏离平均值的要素成为公司治理系统的“涨落”，而“涨落”则形成了公司治理系统发展的动力。如高新技术产业中，人力资本对于企业价值创造和竞争优势获得的贡献程度相对于加工制造业较大。这就使人力资本在高新技术产业中要获得较多的剩余控制权和剩余索取权，不同的贡献程度是公司治理发展和演化的动力，推动着公司治理系统适应企业的外部环境。

要发挥要素所有者在公司治理系统发展中的作用，就要建立完善的谈判机制和退出机制。退出的威胁构成谈判中的筹码能为要素争取到合理的权利和收益，使各要素有动机增加投资或者投入。合理的全面的退出机制使各要素主体能够在谈判中获得合理的权利，各要素主体要积极主动地参与企业谈判机制，表现在企业实际运作中，不仅需要积极利用“用脚投票”的权利，还要注重发挥“用手投票”的权利，更要建立多种利益相关者的对话机制，以更好地使各要素主体的利益得到保护和激励。

第六章 我国公司治理模式的演化

公司治理模式不是静态的、一成不变的，而是动态的、不断演化发展的[①]。各个国家在公司治理发展的过程中，根据其自身的特点和外部经济环境形成了不同的公司治理模式。在公司治理模式的演化形成过程中存在一定的规律或机制，把握和利用这些规律对我国公司治理的完善和公司治理模式的形成有很强的现实价值。

第一节　公司治理模式及发展趋势

一、公司治理模式及产生的原因

公司治理的复杂性、非线性以及环境复杂性，使公司治理模式在演变发展中充满了混沌和不确定性。世界各国经济发展水平、文化传统、政治体制、市场环境、法律观念、融资结构等公司治理的外部基础的差异性，使各国公司治理模式也不尽相同，比较典型的公司治理模式有三种：外部控制主导型公司治理模式、内部控制主导型公司治理模式和家族控制主导型公司治理模式[②]。

---

① 胡汝银．中国公司治理：当代视角［M］．上海：上海人民出版社，2010：14.

② 李维安．公司治理［M］．北京：高等教育出版社，2005：353.

（一）主要的公司治理模式

1. 外部控制主导型公司治理模式

外部控制主导型公司治理模式，又称市场导向型公司治理模式、外部人约束模式、英美公司治理模式，主要依靠高效运行的资本市场和经理人市场来监督和激励企业的经营者，外部市场监控在公司治理中发挥着主导作用。该模式以大型流通性资本市场为基本特征，且股东权益主要分散在个人、养老基金及其他基金等机构投资者手里，并且存在活跃的经理人市场。外部控制主导型公司治理模式很大程度上体现了新古典股东利益至上的原则，股东是公司治理的唯一主体，公司经理层是公司治理的对象。该模式中分散的股权使监督经理人成为一种公共物品，因此，公司治理主要依靠股票市场、经理人市场和产品市场等市场体系对经营者实施监督和激励。

2. 内部控制主导型公司治理模式

内部控制主导型公司治理模式，又称组织导向型公司治理模式、日德公司治理模式、内部人约束模式，是以内部监控机制为主，主要通过严密的有形组织结构来制约企业的经营者，股东（主要为法人股东）和银行（一般也是股东）在公司治理中发挥着主导作用，而资本市场等外部治理较弱。该模式中公司股权集中在金融机构或者法人手中，这些大股东往往通过进入董事会或者在股东大会上利用投票权监督经营者。

3. 家族控制主导型公司治理模式

家族控制主导型公司治理模式是指家族占有公司的绝对控制权，公司所有权和经营权不分离，公司内部形成家族成员的权力分配和制衡的结构。该模式的公司股权一般都集中在创业者家族手中，家族以合股和合资等形式形成家族控股企业，股权相对稳定，资本流动性较弱，控股家族通常普遍地参与公司的经营管理和投资决策，公司的主要高级经营职位也主要由控股家族的成员担任，主要股东与经理层是合一的，利益和亲情的双重激励约束降低了道德风险和机会主义倾向。

（二）各种公司治理模式形成的原因

现有文献对公司治理模式不同的解释主要集中在公司治理外部环境的差异性上，如孙光焰（2008）认为不同公司治理模式形成的原因在于市场体制方面、理论背景方面、法律制度和历史文化传统等方面存在差异；胡汝银（2010）认为在公司治理演化的历史过程中，不同国家或地区形成不同的公司治理模式的原因主要在于社会资源禀赋的差异，这些资源主要包括历史传统、文化与价值取向、政治环境、法律环境、融资环境等，并且这些环境不是单独地发挥作用的，而是在相互补充和相互替代的动态中共同发挥作用。表面上看不同的资源环境基础导致了侧重点不同的公司治理模式，实质上公司治理模式的形成与演变是一个动态发展的和路径依赖的过程（高闯，2006）。因此，各国公司治理模式的不同不仅是由于资源基础的差异而产生的，而且还要认识到演化过程中选择机制的作用。

1. 资源基础不同

各个国家在建立公司制企业时的经济发展阶段不同、经济发展水平不同，因此，公司治理资源基础就不相同。英美国家在工业发展初期就重视直接融资对经济发展的促进作用，因此，直接融资相对发达。第二次世界大战后，日德作为战败国为了促使经济高速发展，不得不选择了间接融资直接支持企业战后重建。家族企业治理模式的国家往往都是一些新兴的经济体，这些国家在经济发展初期，市场和法制都不健全，家族力量一方面可以扩大企业资源的来源，另一方面亲情的激励和约束解决了法制不健全下的利益冲突问题。资源基础的不同使公司治理初始的条件和状态不同，但随着经济发展的进程和经济全球化，一些国家的资源基础趋于相同，但其治理模式却保留了下来，这就说明除了资源基础的差异以外，还有另外的原因致使公司治理模式存在差异。

2. 选择机制不同

除了企业的资源基础或外部经济环境不同之外，英美国家和日德国家在法律体系、文化背景方面也存在着差异，这些差异在公司治理演化的过程中形成了不同的选择机制，然后又与资源基础共同作用形成了不同的公司治理模式。

文化背景的不同导致各个国家的价值观体系不同，在经济和社会动态发展的过程中，沉淀在人们意识中的价值观和判断标准形成了公司治理模式的选择机制。选择机制对公司治理的演化过程和演化结果起着关键的作用。表面上看，英美外部主导的治理模式是为了适应分散化的股权结构而设计的，但英美国家分散化的股权结构成因各不相同，都有着历史和文化的因素。在20世纪上半叶，英国通过直接融资市场为企业提供了大量海外收购的资金，客观上造就了股权分散化的格局。而美国的股权分散却是由于政治原因造成的，美国虽然和英国一样重视直接融资环境的建设，但由于公众对金融机构的不信任，企业股权被迫稀释，使金融机构不能获得企业的控制权。在政治力量的限制下，美国的股权趋于分散化。英国的殖民文化和美国的自由文化使两个国家形成了不同的选择机制，客观上的股权分散其实质却是不同社会价值观左右的选择机制和历史背景共同作用的结果。

日德股权集中的融资结构形成的原因也不相同。德国在20世纪前后的金融环境与英国一样非常活跃，但德国的融资方法和英美国家不同，德国没有限制金融机构获得公司的控制权，因此，金融资本很容易通过获得企业的控制权而控制产业资本。日本企业主要在第二次世界大战后通过建立金字塔式的企业集团来保护和锁定他们在大型公司中的控制权，这主要是对战后美国要削减军国主义对企业的实际控制权的被动反应。因此，可以看出日德模式的形成也是资源基础和选择机制共同作用的结果。

综上所述，公司治理模式表面上主要是由于各国企业的融资环境等不同的资源基础造成的，而实质上融资环境又是由不同资源基础和选择机制造成的。因此，研究各国公司治理模式必须从历史发展和文化发展的动态视角着手，在遗传、变异和选择的分析框架内，才能清晰地认识到公司治理模式形成的根本原因和演化规律。

二、公司治理模式发展趋势

（一）公司治理模式的趋同化趋势

公司治理模式趋同化观点认为，在经济全球化大背景下，不同公司治理模式相互取长补短，显示出一种趋同的发展趋势。趋同论思想的基础是最优机制设计理论，即假定在某种状态下总存在着一种效率最高的公司治理模式。在委托－代理理论的框架下，能够有效降低代理成本的激励机制是公司治理的核心，并以此为核心设计出一系列配套的内外部治理机制或结构是公司治理最优机制设计理论的基本观点。1999 年 5 月 29 个 OECD 成员国部长通过了《OECD 公司治理准则》，其目的就是要建立一个功能上趋同的全球公司治理模式，2004 年 OECD 又公布了新的准则，新准则不仅适用于 OECD 国家，也适用于非 OECD 国家，其广泛的应用性也是全球公司治理模式趋同化的重要表现①。

趋同论观点认为无论英美模式还是日德模式，都存在一个共同的问题，即因缺乏监督而导致的"内部人控制"，因此两种治理模式也有向中间靠拢的趋势，即从股权高度分散和高度集中向中间靠拢，谋求一种相对控股模式。相对控股解决了股东监督经营者的动力、能力等问题，有利于发挥股东在公司治理中的作用，能够更有效地促使经理人员以股东利益最大化为经营目标，实现公司价值或者股东价值最大化。

趋同论观点反映了各国在公司治理方面相互学习和相互借鉴的现实，但在以信息技术为核心的现代经济背景下，外包、微型企业已经成为经济社会中普遍的现象。在外包盛行的情况下，很多企业没有完整的价值链，企业依据某一单一的竞争优势通过信息技术和长期契约将其价值链整合在产业价值链中。参与外包的企业或者微型企业，在整个产业价值链中往往只有一两项的基本活动，因此，这些企业的要素就比较单一，如 OEM 企业一般只有财务资本和劳动力，较少涉及类似于人力资本的要素。参与产业价值链的企业核心资源往往不同，决定企业生存发展的要素也就不同，因此，追求相同的资本机构和治理机制必然无法兼顾不同要素在不同企业中非平均的贡献程度，会导致某种要素激励不足而存在效率低下的问题。虽然各种公司治理模式可以相互借鉴，但在企业异质性假设下，公司治理模式不可能完全趋同。

---

① 李维安．公司治理学［M］．北京：高等教育出版社，2005：368.

（二）公司治理模式的多样性趋势

公司治理模式多样化观点认为公司治理差异的存在是持久的，强调这种差异虽然不完全受路径依赖的影响，但是公司各方在不同的制度与规则中相互博弈形成了各种模式之间的差异（高闯，2006）。企业要素主体长期博弈形成了特有的公司治理机制和结构，当制度环境变迁或者要素主体发生变化，博弈环境或者博弈力量随之发生变化，这将导致原来的均衡被打破。公司治理的自适应功能使与新制度契合的公司治理模式发生变异，新的公司治理模式因报酬递增或者制度互补的作用与原来的治理模式存在路径依赖的关系，因此，公司治理模式不会趋同，而是继续保持多样化状态。治理模式多样化强调“国家制度将逐步适应全球变动的技术环境，但这种适应将具有路径依赖的性质。我们将看到全球性制度安排的双重趋势：一方面是跨国家制度的重要性上升；另一方面是地域性、国家和地方制度多样性的持续演化[①]”。

多样化趋势强调了不同的制度环境下公司治理的多样化特征，在经济全球化的背景下，各国公司立法、经济环境虽然有趋同化的趋势，但是企业运作依然受不同的文化背景、惯例等影响，因此，公司治理在解决不同文化背景下的代理问题时依然保持着多样化的趋势。

（三）公司治理模式的个性化趋势

公司治理模式个性化趋势强调多重制度均衡和国家制度的路径依赖对公司治理制度的“锁定”效应，该观点认为公司治理作为一种制度安排，遵循制度变迁是一个渐进性的、连续的演变过程。公司治理是通过制度在边际上的不断调整而实现的，具有“路径依赖”的特征。因此，公司起源和外部制度环境存在差别的国家公司治理模式必然会存在着差异，并且这种差异将沿着不同的轨迹演变，表现出与其既有模式和现存制度环境相适应的特征（高闯，2006）。这种观点的萌芽来自于早期的制度学派，如诺斯（1990）将

① 青木昌彦. 为什么多样性制度继续在演进？[J]. 经济社会体制比较，2001（6）.

David（1985）技术变迁中的路径依赖概念和 Arthur（1988）自我加强机制模型的思想引入到制度变迁的分析中。制度在形成的过程中产生的“沉没成本”和“收益递增效应”，使得组织一旦选择了某种制度，无论它是否有效率，都很难再从这种制度中摆脱出来。公司治理作为企业组织的制度和国家的外部制度，无论是企业选择还是国家立法制度，都具有路径依赖的特征。因此，公司治理模式会表现出强烈的个性化趋势。进化博弈论也明显地赞成制度是“自发的秩序”或自组织系统。从现实情况看，家族治理模式、内部监督模式和外部监督模式均表现出较高的绩效，原因在于治理制度安排适应了各自的制度环境和外部基础设施，而且，从不同治理模式的发展看，各种治理模式的形成具有明显的路径依赖特征。

公司治理的个性化趋势是公司治理理论研究和实践发展的结果，早期的公司治理主要研究发达国家工业企业的公司治理问题，随着公司治理研究向发展中国家和企业集团的扩展，不同国家、不同企业的公司治理问题各不相同或者代理问题各有特点，因此，公司治理在解决这些个性化代理问题时必然使公司治理模式具有个性化的趋势。

第二节　公司治理模式演化理论

一、路径依赖理论与公司治理模式演化

（一）路径依赖理论

路径依赖，是指人类社会中的技术演进或制度变迁均有类似于物理学中的惯性，即一旦进入某一路径（无论是“好”还是“坏”）就可能对这种路径产生依赖。人们一旦作出某种选择，就好比走上了一条不归之路，惯性的力量会使这一选择不断自我强化，并很难走出去。

路径依赖的思想源于对技术变迁的分析，David（1985）认为技术变迁中的路径依赖产生的原因主要有：技术的相关性、规模经济和投资的准不可逆性，Arthur（1988）认为经济中的路径依赖主要由递增报酬引起。North（1990ab）把路径依赖研究由技术变迁转向制度变迁，他认为在制度变迁中，同样存在着报酬递增和自我强化的机制，这种机制使制度变迁一旦走上了某一条路径，它的既定方向会在往后的发展中得到自我强化①。Bebchuk 和 Roe（1999）以及 Schmidt 和 Spindler（2002）把路径依赖与公司治理联系起来，提出了公司治理的路径依赖理论。

（二）路径依赖与公司治理模式

公司治理作为一种制度，在其发展的过程中也明显带有路径依赖的特征。不同的国家之间存在初始经济条件、发展阶段、文化背景等因素的差异，而且随着现代公司制度建立的时机不同，公司治理制度也存在不同的差异，这种差异往往与企业制度的发展有着密切的联系。各国建立现代企业制度的方式方法不同，如西方国家的公司制企业建立在市场经济的条件下，我国公司制企业建立在国有企业改造的基础上，因此，公司治理要解决的问题不同，治理模式则不同。公司治理的英美模式和日德模式与各国的融资模式有着密切的联系，而融资模式的发展又和该国经济发展中的制度沉淀密切联系。

Bebchuk 和 Roe（1999）认为，现代公司制企业初始所有权、组织结构及其与这种结构有关的法律规则不同，从而导致了公司治理进化过程中的路径依赖。结构驱动（Structure - Driven）和规则驱动（Rule - Driven）作为路径依赖的两个来源，决定了公司治理模式发展过程中的路径依赖特征。结构驱动是指公司初始的所有权结构直接影响其随后的所有权结构，原因主要有适应性沉淀成本（sunk adaptive costs）、互补性（Complementarities）、网络外部性（Network externalities）、既得利益（Endowment effects）和多重最优（Multiple optima）。既得利益者的寻租行为又会强化路径依赖效果，因为拥

---

① 吴敬琏．路径依赖与中国改革——对诺斯教授演讲的评论［J］．改革，1995（3）．

有企业内部控制权者会阻止那些可能会减少其私人收益的、有效率的制度改进，所以，即便现有的公司所有权结构不再有效率，也会具有充分的存续能力。规则驱动是指那些规范公司行为和市场运行的规则会影响以后的所有权结构和公司治理结构。公司立法也对公司所有权结构的选择具有重要影响，而这些公司法规自身也是路径依赖的，路径依赖的公司法规必然使公司结构和治理制度带有路径依赖的特征。总之，公司制企业初始的所有权结构将影响那些有效的法律法规，路径依赖的法律法规和公司治理中的寻租现象使公司治理具有很强的路径依赖性。

Schmidt 和 Spindler（2002）认为路径依赖的原因主要是角色调整成本和生物学进化理论，并引进了互补性概念说明路径依赖的成因，认为由互补成分组成的公司治理体制的动态特性使向最优公司治理体制的快速趋同不可能发生。实际上，路径依赖的形成有两种原因：原因之一是转换成本（Switching Costs），一项更有效率的制度安排会由于制度转换成本过高而变得无效率，因此，人们会理性地保持看起来无效率的制度安排；原因之二是进化近视（Evolutionary Myopia），在个人主义方法论基础上，个人的有限理性和认知能力的局限，使制度安排只能是局部最优而不是全局最优，在不确定的条件下，理性的“经济人”更注重当前的利益，而忽视未来较远的更有效率的制度安排。

二、制度互补理论与公司治理模式演化

（一）制度互补理论

制度互补是指在一个经济系统中，存在多种制度要素（包括正式的和非正式的），这些制度要素相互结合，相互作用，共同形成一个有机的整体[①]。共同规范人们行为的各种制度之间存在着多种多样的关系，追求目标相同的制度之间可能是竞争替代关系，也可能是互补支持关系。互补制度中的

① 李明辉．制度互补性与公司治理趋同［J］．经济评论，2007（1）．

任何一个制度，其绩效不仅取决于它自身的完善，而且取决于与之互补的制度的完善，这些互补制度形成一个有机整体，共同作用达到其规范行为的目的。

在一个由互补制度构成的系统中，各种制度必须相互一致、相互补充、相互适应，这样才能获得整体的制度效果；反之，如果体系内部各个要素之间相互冲突、无法相互适应，则会导致整个制度体系效率的降低。在互补制度体系的变迁中，各种制度的变迁会相互制约。互补制度体系一旦形成，便形成有机的整体，其中单一制度的改变必然导致互补的不衔接或者冲突，打破起初的整体协调，破坏原有的互补性关系，甚至会损害整个制度体系的效率。当然，这种不协调的状态经过多次博弈，新旧制度经过相互协调和调整，仍然会形成一个新的有效率的有机整体，当然这个过程是以巨额的成本为代价的，即前面所述的转换成本较高使无效率的制度持续存在。因此，在进行制度变迁时，必须要考虑互补性的影响，避免新制度与旧制度之间不相适应而导致互补关系的破坏（李明辉，2007）。制度互补理论强调了制度之间的相互配合已达到其共同的目的，其中某一种制度的单独改变必然引起制度漏洞的存在，因此，制度在修改时必须注意协调与其有互补作用的制度，避免不协调或者冲突导致的成本增加或者效率低下。

（二）公司治理的制度互补性

狭义公司治理是指有关公司董事会的功能、结构、股东的权力等方面的制度安排，广义地讲是指有关公司剩余控制权和剩余索取权分配的一整套法律、文化和制度性安排（张维迎，1996）。因此，公司治理作为一个广义的概念，其内部构成的各种制度之间具有互补性。Schmidt 和 Spindler（2002）也认为互补性是公司治理机制的基本特征。狭义的公司治理强调公司内部的权力分配和制度安排，这种制度安排并非是独立于所处环境的一项制度，而是与所处环境中的其他制度（经济制度、法律等）一起，共同构成一个整体。因此，公司治理必须与其他外部制度相适应，形成相互补充的完善的制度体系。狭义的公司治理制度内部也由不同的制度构成，如公司章程、《公司法》等，它们之间同样具有互补性。因此，Schmidt 和 Spindler（2002）指出，公司治理系统是由互补性的制度构成，这些制度包括所有权与剩余决策权的分配、所有权与剩余收益权的分配、董事会和监事会的构成及职能、《公司法》的原则、公司信息的公开、资本市场的状况、公司员工的职业途径等内部控制系统和外部控制系统。这些单独的公司治理制度必须相互协调、相互适应、互补地结合在一起，共同发挥作用才能实现公司治理目标。

（三）互补性与公司治理模式

正是由于公司治理制度互补关系的存在，才导致了现实中不同公司治理的稳定存在及不同的治理模式。制度互补性作为公司治理的一项基本特征，决定了公司治理的发展必须考虑其他制度互补协调。由于互补性的存在，一个系统内部各种制度之间相互补充，才能形成一个有机的整体，这一整体是无法轻易改变的，这是导致多样性制度产生的重要原因（青木昌彦、奥野正宽，1999）。公司治理制度作为一系列协调公司内外部利益关系的制度，必须与国家的法律、文化、经济等制度相互适应、相互补充、相互配合，才能构成一个完整的治理体系，因此，不同的外部环境决定了公司治理模式的差异性。

制度互补关系决定了在整体制度环境不改变的情况下，进行公司治理改革将是十分困难的。互补性意味着富有活力的制度安排，往往是结合不同的制度构成了连贯的整体，任何单个制度在孤立情况下都不会被轻易改变或设计。为了改变一项制度安排，需要同时改变互补性制度，或者需要改变某一领域的制度，然后通过互补性关系引发其他制度的连锁反应（青木昌彦，2001）。因此，互补性给公司治理制度移植和趋同带来很大的难度，如果把德国公司治理制度中的有效部分移植到英国公司治理制度中，不仅不能够改善英国公司治理制度，反而会形成一种内在不一致的、功能紊乱的混合体（Schmidt & Spindler，2002）。

由于互补性的存在，即便现有制度不是帕累托最优的，它也未必会向高效率的制度安排发展，具有互补性的制度在改革时，各项制度必须同时而且整齐地进行变更，而这在现实中很难实现（青木昌彦、奥野正宽，1999）。因此，一个从全球角度看起来并不先进的公司治理模式，可能是地区最优的，因为该模式与其他要素之间是相互适应的，因此，也是有效率的（Schmidt & Spindler，2002）。在经济全球化背景下，为了提高公司治理效率，国家之间相互借鉴复制他国公司治理中的有效部分，导致公司治理在一定程度上趋同，然而，由于各国政治、法律、文化等因素以及这些外部要素之间的关系非常复杂，在移植他国公司治理要素的过程中，很难保证不会发生制度冲突或出现内外制度不协调的现象，因此，公司治理模式很难做到完全趋同。

制度互补性的存在，虽然使公司治理模式的改革必须考虑协调性等因素，而导致改革困难，但并不意味着公司治理模式就是完全不变的。恰恰相反，制度互补性还意味着，当体系中的其他制度作出（出现）重大改变时，公司治理也必须作出相应的改变（李明辉，2007）。一个国家的经济体制，一方面需要考虑路径依赖性，以现有制度为基础进行改革或者修整；另一方面，又要根据技术变化、经济发展等外部环境的改变进行适应性的调整，在经济全球化的背景下，还要考虑国外不同的经济体制对本国造成的影响，设计出合理有效的能够内外兼顾的制度系统。因此，尽管由于转换成本和制度互补原因，经济制度的演化具有路径依赖性，但是，当技术条件、经济发展水平出现重大转折时，经济制度在有效的冲击下就有可能摆脱对原先路径的依赖，脱离原来的进化轨道，产生革命性的变革（青木昌彦、奥野正宽，1999）。作为整个经济体系中的公司治理制度，与其他制度之间的互补性决定了公司治理必须在其他制度、环境发生变化的背景下进行适应性的改革，公司治理会随着经济社会的发展而发展。

三、契约理论与公司治理模式

（一）契约理论

企业是一系列的实际和隐含的契约，这些契约规定了各类利益相关者的角色，并且界定了他们在各种情况下的权利、责任和报酬①。企业作为契约集的节点，反映了企业内部的契约关系。阿尔钦和德姆塞茨认为联合生产能够带来剩余，而团队中每个成员的贡献是难于测度的，为了克服团队成员的“机会主义”或“搭便车”等问题，合作成员之间需要达成协议，由一部分成员专门负责监督，获取剩余索取权作为报酬。由于参与者的有限理性、不确定性、信息不完全和非对称，企业中的这些契约往往是不完全契约。不完全契约则留下了很多空间，即留给公司治理通过剩余控制权和剩余收益权去填补。

在“经济人”假设的条件下，现实经济中的各种契约，是人们在限制条件约束下谋求个人效用最大化的选择结果。同样，企业的契约也是人们在给定限制条件下追求效用最大化的结果，这些限制条件包括企业的制度环境、文化特征、资本结构等。按照科斯的观点，企业能否高效运行，关键在于企业契约执行中的交易费用的高低。因此，科学安排企业契约以降低交易成本是现代企业提高运作效率和实现治理目标的根本途径。

（二）公司治理契约与治理模式

规范公司利益相关者行为的一系列契约构成了公司治理的主要内容，而公司治理契约是社会制度基础的函数，不同的社会制度基础决定了要选择不同的企业治理契约形式。在公司治理实践中，英美模式和日德模式分别对应于自身的社会制度基础，有效地降低了总交易费用，达到了在既定治理环境下交易费用最小的目的。

公司治理契约作为经济社会制度基础的函数，应随着社会基础的不断演化而变化，只有这样才能实现总交易费用的最小化。最优公司治理契约是人们在给定条件下理性选择的结果。经济社会制度基础发生变化，最优的治理契约形式也将随之发生相应变化。制度演化具有明显的路径依赖特征，简单模仿他国的经验是不可取的。对于转轨国家而言，必须正视经济社会制度变化给企业治理契约带来的影响，也必须清楚在社会制度基础条件不具备的条

---

① 高明华．公司治理学［M］．北京：中国经济出版社，2009：10.

件下，不要完全照搬一个国家的现有模式（高闯，2003）。

第三节 我国公司治理模式演化及选择

一、我国公司治理模式演进过程

研究我国公司治理的发展及演化趋势，首先需要了解我国公司治理的发展沿革。在社会主义市场经济条件下，我国企业的主体依然是国有企业，因此，公司治理的演化必然和国有企业改革密切联系在一起。到目前为止，我国国企改革大体可分为两个阶段：1978—1992 年以放权让利为主的国企改革（企业行政治理）阶段；1993 年至今的公司治理阶段①。

（一）行政治理

经济体制改革以前，我国实行的是计划经济体制，该体制下政府和企业是一体化的，企业是政府的一个组成部分，即政企合一模式。1978 年后在放权让利、权利换效率的改革下，国有企业形成了以承包责任制为主的承包制模式。该阶段，我国虽然没有建立现代企业制度，但国有企业改革一直沿着公司（企业）治理的主线在推进，其主要表现为剩余索取权与控制权在政府和企业之间分配的变化，因此，我国公司治理发展源于国企改革。政企合一模式和承包制模式是以政府为主体解决企业经营者积极性和经营效率为目的，因此是典型的行政治理模式，其特点就是政企不分导致的治理行政化。

1. 政企合一模式

在完成社会主义改造后，我国实行了计划经济体制，该体制下国有企业

① 南开大学公司治理评价课题组（2010）认为是分成三个阶段：1978—1993 年的企业经营自主权、利改税、承包经营责任制和转换企业经营机制等改革的现代企业制度探索阶段；1993—1999 年的构建治理结构阶段；2000 年至今的治理机制建设阶段。在此本书认为分成两个阶段更为确切。

是国家政府的一部分。在新中国成立初期的重工业优先发展战略指导下，国家控制经济剩余，形成了“政企合一”的行政治理模式。该阶段的国有企业不具备现代企业制度的特征，不是现代意义上的公司制企业。国家不仅代表全体人民拥有企业的所有权，还掌握着国有资产的经营权，形成了政企不分、两权不分的行政化的企业治理模式（如图 6.1 所示）。企业的厂长或经理实际上是政府的一个官员，企业进行生产只是在执行政府的命令（指令性计划），这里只有上下级的服从关系，不存在委托 - 代理的契约关系，政府完全掌握了企业的剩余控制权和剩余收益权，企业的经营者只是在执行政府计划并获得相应的工资收入，因此不存在严格意义上的代理问题。“政企合一”模式造成企业缺乏自主权的弊端越来越明显，在经营者缺乏激励的情况下企业运作效率十分低下。为了提高企业的生产积极性和职工的劳动积极性，国家在企业利润分配制度上进行了一些改革，但企业生产经营决策权并没有什么本质变化，因此，实际效果并不明显。

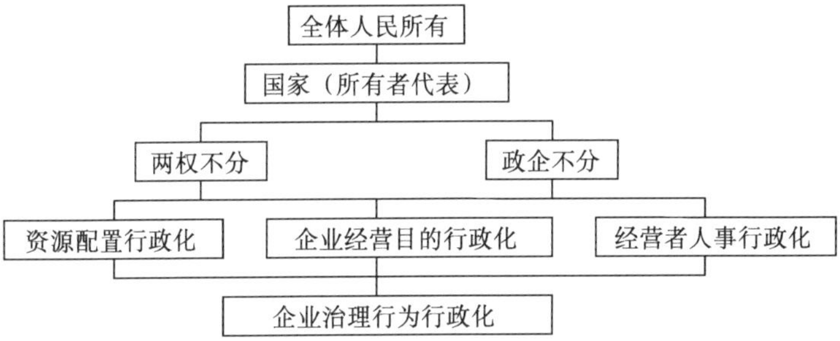

图 6.1　计划经济下的行政治理模型①

2. 承包制模式

随着我国经济的发展，技术条件和市场环境的变化，“政企合一”模式越来越不适应经济的发展要求，1978 年开始了以放权让利作为改革重点和中心的企业改革。这一改革过程先后经历了利润留成、利润包干、利改税和利税分流等阶段，与此相适应，企业的治理模式也不断发生着“微调”。到

① 高闯．公司治理：原理与前沿问题［M］．北京：经济管理出版社，2009：276（本书做了少许修改）．

1989 年，几乎所有的国有企业均已实行了承包经营责任制。承包经营责任制使企业所有权和经营权有了某种程度的分离，政府与企业之间形成了一定程度的委托 - 代理关系，而且企业同政府之间签订了具有一定法律意义的承包合同。从总体上看，承包制这种治理模式的选择是同当时特定的制度条件相适应的，企业效率有所提高。

承包制这种治理机制有着天然的本质缺陷："在把部分剩余控制权和剩余索取权交给承包者后，企业产权的界定变得更加模糊，发包者和承包者之间的利益冲突加剧，双方侵权行为更容易发生①。" 1992 年以后，随着我国市场经济的确立和发展，建立现代企业制度成为企业改革的主要目标。

（二）公司治理

经过一年多的股份制改造的试点，1993 年 12 月我国颁布了《公司法》，公司成为具有法人资格的经济实体。《公司法》确定公司设立股东会、董事会和监事会，分别行使决策权、经营权和监督权。这样从立法上对公司治理结构作了一系列法律规定，标志着我国现代公司治理结构开始形成。其后，国家立法针对公司治理结构又进行了不断地修改，如 2001 年 8 月，中国证券监督管理委员会发布了《关于在上市公司建立独立董事制度的指导意见》；2005 年 10 月，新《公司法》获得通过等。随着公司治理法律法规的逐渐完善，我国公司治理水平不断提高，且发挥了一定的治理功能，企业运作效率整体有了大幅度的提高，但研究表明，总体上无论是公司内部治理还是外部治理都还没有成熟，治理功能还有不足之处。因此，本书打破传统的公司治理研究框架，在新的框架下研究公司治理的机制和结构，希望能对我国公司治理的完善起到一定的作用。

---

① 张银杰. 公司治理——现代企业制度新论 [M]. 上海：上海财经大学出版社，2010：77 - 78.

二、我国公司治理模式的特点与外部环境

（一）现阶段我国公司治理的特点

我国公司治理结构，从董事会设置和管理层的职能上看，仿效了英美的模式，从监事会的设立来看，又在一定程度上采用了日德的双层董事会制度，这种综合在一定程度上适应了我国自身的经济体制和大量引进外资的现实，但应用的效果并不令人满意。目前，大量的非国有公司和国有控股公司属于二元制的公司治理结构，董事会和监事会是两个平行设置的机构，比较接近日本模式。国有大中型公司实行外派监事会制度，这带有德国模式特点，而上市公司同时还要求建立独立董事制度，这又突出了英美一元制的特点。那么这种混合制的公司治理模式，是否适合我国经济发展的需要，能否解决我国公司治理实践，需要从公司治理的外部因素进行分析。

（二）公司治理的外部因素

公司治理理论及实践表明，影响公司治理效率的除了合理的公司治理机制和结构以外，外部因素与其互补适应性也是影响公司治理效率的重要方面，这就要求我们在研究公司治理时不能忽视这些外部因素对公司治理的影响，这些因素一方面决定了公司治理模式的选择，另一方面影响公司治理实践的效率。公司治理的外部因素一般包括经济环境、社会环境、人文环境、制度环境等。

1. 经济环境

公司治理的经济环境包括经济的发展水平、产业政策、金融市场等。每个国家在发展经济的过程中，往往会根据其经济发展水平制定相应的经济政策，这些经济政策一方面有促进经济发展的作用，另一方面影响着公司治理的结构和机制。处在不同经济水平上的国家，其经济政策的侧重点不同，如发展中国家相对注重效率，而发达国家相对注重公平。不同的经济政策直接影响了公司立法和实践，而公司治理首要的原则就是《公司法》，因此，一

国经济发展水平往往会决定公司治理的目标或者原则，如德国更注重相关者治理和员工参与，而我国公司治理强调单边治理以鼓励投资。

公司的融资结构不同，其治理结构和治理重点也就不同，而决定融资结构的往往是该国的金融市场。金融市场包括直接金融市场和间接金融市场，不同的国家由于历史的和现实的原因，公司融资的主要渠道不完全相同，如德日公司以间接融资为主而英美公司以直接融资为主，这也就决定了日德的公司治理以内部治理为主而英美以外部治理为主。

经济环境一方面影响了公司治理机制和结构的设计，另一方面也会影响公司治理实践的效率。公司治理实践中，外部经济环境为公司治理提供了相应的基础保障，如产品市场、资本市场的信息披露制度，经理人市场的竞争约束等。外部市场实际运行效果直接影响着公司治理实际效果，从实证研究文献中可以发现，在发达的金融市场和竞争激烈的产品市场中公司治理效果相对较好。金融市场的信息披露制度在内部治理结构中不仅起监督作用，还减弱了股东和经理人员之间的信息不对称性，约束了经理人员的机会主义行为，而且还起到激励的作用。财务信息披露一方面为激励经理人员提供了依据，另一方面为各种契约的签订、执行和监督提供了基础数据，降低了沟通成本。

在外部治理机制中，信息披露不仅为准确计量公司价值、提高市场交易的透明度、降低投资者风险提供了可供参考的财务等信息，而且对于经理市场、代理权争夺以及债务契约等外部治理机制的有效运作起到了重要的作用。总体上看，财务信息披露有助于外部治理机制的有序运作，大大降低外部治理机制的运行成本（高闯，2009）。

2. 社会和文化环境

社会和文化环境决定了人们的价值观和行为模式，在长期的社会经济生活中价值观和行为模式决定了不同国家的经济结构、发展模式、融资结构等的不同，即价值观形成了社会整体的选择机制。如英美国家的个人主义价值观决定了其分散的融资结构，而日德集体主义价值观决定其主银行制的融资结构，东南亚国家儒家思想文化形成了家族控制的公司治理结构。

在公司治理实践中，价值观和行为模式也会决定代理人是否侵害委托人的利益和侵害的程度，在新古典经济学利己的“经济人”的假设下，代理人利己的价值观就决定了他会以自身利益最大化为目标侵害委托人的利益。在新古典经济学的分析框架内，由于“经济人”利己的价值观是既定的，即使是设计出激励相容的机制，也只能得到次优的解。本书第三章的论述探讨了“经济人”假设和人的动态变化，完全解决代理问题，在客观的信息不完全和非对称条件客观存在下，只要能够使经济主体脱离利己的价值观，则经济主体就不会有侵害他人的行为或者侵害的程度较轻，代理问题也就彻底解决。更进一步讲，如果经济主体脱离利己主义的价值观，隐蔽信息和隐蔽行为造成的信息非对称就可以解决。但是正如我们前面论述的，社会的进步是需要一个过程的，公司治理是一个历史范畴，公司治理问题的解决也会属于历史范畴。随着社会的进步和人们价值观的改变，在马克思设想的共产主义社会，经济主体高度自觉和生产力高度发达的条件下，经济主体脱离利己主义的价值观，那么代理问题也就成为了历史。

社会和文化环境一方面通过选择机制在长期的过程中决定了公司的融资结构和权力结构，另一方面也会影响公司治理的实践效果。社会舆论监督对公司治理主体和客体都构成现实的和潜在的监督，良好的社会价值标准往往会驱使社会媒体努力揭露公司治理违法案件，社会舆论的监督和媒体曝光还促使行政监管和法律监管加大监管力度和监管效率。

（三）我国公司治理外部环境的动态变化

1. 经济环境的动态变化

改革开放40多年来，我国国民经济发展取得了巨大成绩，中国的GDP从1978年的2683亿美元，猛增到2020年的14.7万亿美元，40余年间增长了50余倍，人均GDP也达到了1万美元，是1980年的30多倍。随着我国经济的高速增长，经济发展中不平衡、不协调、不可持续等问题越来越严重，如能源问题、环境问题、收入分配问题等，因此，“十四五”规划明确提出坚定不移贯彻创新、协调、绿色、开放、共享的新发展理念，坚持稳中求进的工作总基调，以推动高质量发展为主题，以深化供给侧结构性改革为主线，以改革创新为根本动力，以满足人民日益增长的美好生活需要为根本目的，统筹发展和安全，加快建设现代化经济体系，加快构建以国内大循环为主体、国内国际双循环相互促进的新发展格局，推进国家治理体系和治理能力现代化，实现经济行稳致远、社会安定和谐，为全面建设社会主义现代化国家开好局、起好步，因此，公司治理的经济环境和制度环境将呈现出动态变化的特征。

2. 社会文化环境的动态变化

文化作为一个民族的精神和灵魂，是国家发展和民族振兴的强大力量，是公司治理理论和实践的大环境。在坚持社会主义先进文化、弘扬中华文化、建设和谐文化、发展文化事业和文化产业、满足人民群众不断增长的精神文化需求过程中，我国社会文化环境也将呈现出动态的变化过程。我国改革开放初期忽视了社会主义文化建设，“文化大革命”又颠覆了传统文化和社会主义道德观，而且在社会主义文化还没有得到及时修复的情况下又进行了经济体制改革，所以那个时候我国表现出“一切向钱看”的社会价值标准。“一切向钱看”的价值观使公司治理出现了很多问题，长虹、三九、伊利等上市公司纷纷出现严重的经营者侵害所有者利益的问题。在意识到思想文化建设缺失的危害后，我国在20世纪末开始加强了社会主义精神文明建设，在21世纪初更是提出了“八荣八耻”和社会主义核心价值观来构建社会主义新的价值观体系。随着我国社会主义思想文化建设的逐步推进，新的价值体系必定得以确立。在以公有制为基础的社会经济体制下，我国人民的价值观体系比资本主义社会的价值观更加注重公平公正和互利互惠。因此，我国公司治理机制和结构的设计要根据我国具体的社会文化环境，遵循“拿来主义”的原则，有取有舍有发展地建设公司治理系统。

为了建设社会主义核心价值体系，必须不断推进社会公德、职业道德、家庭美德、个人品德建设。在全球化的进程中，我国文化建设更要立足当代中国实践，传承优秀民族文化，借鉴世界文明成果，使我国的文化环境更适合社会主义市场经济的发展、更适合人民群众的物质和精神需要。在不断的文化建设过程中，我国社会文化环境将不断地得到改善，人们的价值观将得到不断地升华，这些不断完善的社会文化环境也会推进公司治理不断完善。

三、我国公司治理模式的演进机理

在我国60多年的经济建设过程中经济增长模式不断改变，企业形式不断演化，公司治理也随之发生着改变，从动态发展的角度研究公司治理模式演变的规律，就要从遗传、变异和选择过程出发。

（一）我国公司治理的遗传

演化经济学认为制度、习惯、惯例和组织结构等作为历史的载体，如同生物基因一样，通过模仿而传递（贾根良，2004）。凡勃伦观察到制度和惯例具有相对稳定和惰性的特征、纳尔逊和温特认为企业惯例是企业的组织记忆，执行传递技能和信息的功能。路径依赖、制度互补和作为社会制度函数的契约关系决定了一国公司治理模式的演进具有遗传特征。

1. 从国企改革演化到公司治理

经过社会主义改造，我国建立起了以公有制为主体的社会主义经济制度，企业的主要形式是国有企业，国有企业的产权不清晰导致效率低下，1978年开始的以放权让利权利换效率的国企改革，拉开了我国企业治理的序幕。从1978年到1993年的国企改革主要是以提高企业的生产效率为主，生产效率即我们今天在公司治理中强调的企业的价值创造属性，因此，此阶段虽然没有严格意义的公司制企业，但对于公司治理问题的研究和实践已经开始了①。

2. 公司治理问题遗传自国企改革

1993年我国颁布《公司法》后，国有企业陆续改制为公司制企业，企业治理名正言顺地改名为公司治理。我国公司治理遗传的不仅是国有企业改革的企业治理，在公司治理主要问题和解决方法上也很多遗传自国企改革。

首先，资本结构遗传自国有企业。我国公司制企业多数是在国有企业基

① 此阶段关于此问题的研究都以“企业治理”命名，但从经济意义上已经是公司治理了，当时的企业治理解决的也是所有者（国家）和经营者（厂长）之间的权利和利益的分配问题，不过在法律意义上由于不存在公司制企业的三权分离，因此，称之为企业治理。

础上改制过来的，进行了公司制改造或者发行上市后，多数公司依然是国有股份控制。其次，公司治理的主要问题遗传自国有企业。我国公司制企业资本结构中存在“一股独大”的问题，决定了我国公司治理初期主要以防止经营者侵吞所有者利益和激励经营者为主。随着大部分国有控股的公司发行上市，“一股独大”的问题又表现出控股股东侵害中小股东的问题，因此，公司治理又开始通过调整资本结构解决这些问题。最后，公司治理结构中，股东会、董事会、监事会成员多数是原国有企业的相关人员。我国公司治理中的“新三会”的成员在公司治理初期，多数来自“老三会”，如职代会的成员进入监事会、国有资产管理人员进入董事会、国家设立国有资产管理机构行使股东权利等。

综上所述，我国公司治理实践的时间虽然不长，公司治理结构和机制明显带有“复制”国外公司治理结构和机制的现象，但我国公司治理的主要问题，尤其是原国有企业改制的公司治理问题和治理方法途径都遗传自国有企业改革。

（二）我国公司治理的变异或新奇创生

在生物学中，变异或新奇创生涉及群体基因库中的随机突变和选择性复制，变异或新奇创生创造出了生物界多样性的特征。在演化经济学中，变异或新奇创生出自人类行为，它是人类创造性的产物，变异或新奇创生使经济系统中充满了多样性和不确定性。有目的地创造新奇和多样性是人类社会演化最重要的特征，演化经济学认为知识是惯例和遗传的核心要素，但一种更系统和更完备的知识理论仍有待于创造。演化经济学认为变异或新奇创生是现有要素新组合的结果，新奇创生也带有路径依赖的特征。

1. 我国公司治理外部环境的变异

改革开放以来，在我国社会主义市场经济建设的过程中，多种市场主体不断涌现、市场竞争加剧等公司治理外部环境发生了巨大的变化，使我国公司治理在发展的过程中变异和新奇的创生不断。在改革开放和搞活社会主义市场经济的方针指导下，个体企业、私营企业、民营企业、合资企业等市场经济主体打破了国有经济一统市场的格局，加剧了产品市场竞争，迫切需要由国企改制的公司制企业转变经营模式和经营思路，改善公司治理结构和机制。随着市场经济的不断完善，我国的股票市场、经理人市场相继建立或形成。要素市场的形成使要素具备了流动性和竞争性，为企业的经营和运作提出了新的要求，企业运作不仅要激励各种要素使其积极发挥作用，还要避免要素脱离企业导致运营中断。市场主体的复杂化打破了按劳分配和平均分配的格局，使我国的收入分配呈现出多样性和复杂性。企业外部的收入分配的多样性和复杂性，要求企业在利益分配上要注重对经营者的激励，防止“59岁现象”。

2. 我国公司治理模式中的变异

我国公司治理初期按照日德模式建立了“新三会”强调公司的内部治理①，随着股票市场、经理人市场的建立和形成，不仅在公司内部治理中引进了独立董事，也开始注重外部治理的建设。随着我国改革开放，外资企业通过不同的形式进入我国市场，一方面带来了先进的技术、设备和管理知识，另一方面也对我国的公司治理模式造成了冲击。首先，在外资以知识产权的形式出资和本地资本合资的过程中，管理知识和商业模式以无形资产的形式控制了我国的实物资本。无形资产和以人为载体的知识作为企业经营的主要要素，参与了公司治理中剩余控制权和剩余收益的分配。其次，公司治理结构和机制也不断从国外引进。从初期的“三会四权”的治理模式，到引进独立董事制度和加强外部治理的作用，我国的公司治理不仅复制日德模式和英美模式，而且也复制了东南亚的家族治理模式。这样我国公司治理模式中，融合了三种主要的公司治理模式，在不同的公司中，起关键作用的公司治理机制或手段又各不相同。我国公司治理模式一方面在复制国外主要的治理模式的同时，又遗传了国有企业的党委会、工会和职工代表大会，“老三会”也在一些公司治理中发挥着积极的作用，这也构成了我国公司治理模式的自主性新奇创造的机制。日德模式、英美模式、家族治理模式和我国特有的党委会参与公司治理，构成的我国多样性和复杂性的公司治理模式。

---

① 我国公司治理理论研究初期强调公司治理结构，甚至将公司治理直接认为是公司治理结构，忽略了外部治理。

各种公司治理模式都有其适应的环境，我国公司治理外部环境和内部经济关系有其独特的性质，因此，不能盲目地复制国外的公司治理模式，而应结合我国实际选择适合我国外部环境和企业的公司治理模式。

（三）我国公司治理模式的选择

选择机制研究变异或新奇在经济系统中为什么、什么时候和怎样才能被传播。凡勃伦（1899）认为，制度实质上是人类的思维和行为习惯，因此，变异或新奇必定是新思想和新行为的出现，在变异扩散的初始阶段，旧的思维和行为习惯就有可能将其扼杀在摇篮之中，但如果系统是开放和远离均衡的，具有自增强的作用，新奇就会通过系统的涨落被放大，从而使之越过某个不稳定的阈值而进入一种新的组织结构。当新结构形成后，自增强机制将使新思想和新的做事方式进入快速扩散阶段，最后演变成社会流行的状态。在公司治理动态演化的过程中新奇不断创生，而只有那些适合市场规律、法律标准和个体特性的公司治理机制被保留下来，并通过自增强机制逐渐强化，公司治理选择的主要途径有：

1. 市场选择

激烈的市场竞争中能够存活下来的企业是通过产品或者要素市场被选择出来的，公司治理模式在整个的经济环境中能够被保留下来，成为被企业选择的模式①，也是其适应了企业的外部环境的结果。一般认为，公司治理的典型模式可概括为英美模式、日德模式、东南亚模式和转轨模式。各种模式的制度背景、融资结构、所有权关系、利益结构与契约关系均呈现出众多的差异性。

影响公司治理模式选择的因素很多，主要包括公司的外部环境和内部环境。经济、文化和法律制度环境、资本市场等外部环境，对各国公司的治理模式存在不同程度的影响，前面已经论述。文化背景和相关法律制度环境所带来的经济现象反映出东西方文化及价值观的差异对公司治理文化形成的影

① 在一个统一的经济环境中，由于环境的相似性，会导致多数公司选择某一相似的公司治理模式，但并不是说所有的公司都符合该模式，这个问题前文已经论证过。

响。资本市场决定着企业的资本结构，进而决定着公司的控制权配置；产品市场决定着企业的竞争态势，从而决定着在产品价值链上哪个企业处于核心地位，也决定着企业通过何种战略获得竞争优势，即决定各种要素在企业价值创造中的地位。

企业内部环境包括资本结构、竞争能力①、产品特征等，资本结构决定了公司治理中存在何种形式的代理问题，即决定了公司治理的重心是解决何种代理问题，如股权分散则主要防止经营者侵害所有者的利益，而股权集中则主要防止大股东侵害小股东利益。竞争能力不同、产品特征不同，决定企业的竞争能力或者竞争优势如何获得的，一般能够决定何种要素对企业竞争优势的贡献最大，则该要素的主体就应该获得较多的剩余控制权和剩余收益权。

一种治理模式究竟是否有效，关键是公司治理机制能否适应内外部经济环境。一个企业究竟采取什么样的治理结构和机制，是企业综合考虑自身技术、运作特点和外部市场的结果，同时又包含了特定国家和地区的历史传统、文化积淀、政治法律制度等因素。中西企业治理模式的演进过程，是企业为适应变化着的制度总体作出的一系列调整的结果。在各自的演进过程中，由于不同的国家有不同的文化背景、信息特征、经济体制、法律制度、资本市场，并且处于不同的发展阶段，在市场机制发育程度、金融自由化程度、经济开发开放度、信息化水平以及国民的受教育水平等方面也存在差别，因而产生了丰富的公司治理模式，并且因适应了各自生产力发展的要求而逐渐的固定下来。所谓的英美模式和德日模式，实际上是对其治理模式的粗略概括，从不同的角度分析，各种治理模式呈现出的特征千差万别。因此，根本不存在一个普适性的企业治理模式。企业应根据具体的外部环境和内部环境，从价值创造和价值分配两个方面选择公司治理模式。

2. 个体适应

公司治理模式的选择在遵循“路径依赖”和环境适应的基础上，应根据我国企业的特点选择合理的治理机构和机制，盲目地引进国外模式只能是

① 如波特提出的“五力模型”，即决定企业竞争能力的五种要素。

“画虎不成反类犬”。现在我国公司治理模式的构建正处在初始阶段，选择决定更应科学化、民主化。如我国上市公司强制推行独立董事制度就缺乏存在的基础条件，独立董事独立性难以保障，最终只能是成为“花瓶董事”。

为了提高企业价值创造的能力，公司选择治理模式要根据要素在企业竞争优势获得中的地位、配置剩余控制权和剩余收益权。要素的地位发生变化，公司治理的治理模式也应做相应改变，这就要求公司治理是一个不断演变的过程，而非静态的均衡模式。

3. 立法引导

国家立法一方面要保证各要素获得剩余控制权和收益权，另一方面要引导企业选择有利于宏观经济发展的公司治理模式。国家通过立法保证各要素主体的经济利益不受侵害是公司治理合理合法的前提条件，国家立法使公司治理有法可依，保证了各要素主体获得合法的利益或者权利。处于不同发展阶段的国家往往有不同的经济发展战略和目标，这些战略和目标一方面通过外部环境影响公司治理模式的选择，另一方面则通过立法引导公司治理要综合考虑经济发展战略、社会价值取向、社会责任等。为实现国家的经济发展战略，国家在确立公司治理目标时要有大局观、整体感，不能“头痛医头，脚痛医脚”，并通过立法合理引导企业建立有利以国家经济战略的公司治理模式。如我国“十二五”规划纲要中明确提出要转变经济发展方式，变“中国制造”为“中国创造”，这就要求国家在公司治理立法上不能完全以股东至上主义为原则，而应注重对人力资本的保护和激励，建设社会主义和谐社会也要求国家立法确立利益相关者治理的合法地位和企业的社会责任。

四、我国公司治理模式展望

（一）社会主义价值观下的公司治理的简化

党的十六届六中全会通过的《中共中央关于构建社会主义和谐社会若干重大问题的决定》深刻揭示了社会主义核心价值体系的内涵，明确提出了社会主义核心价值体系的基本内容包括马克思主义指导思想、中国特色社会主义共同理想、以爱国主义为核心的民族精神和以改革创新为核心的时代精神和社会主义荣辱观。在建设中国特色社会主义过程中，只有坚持社会主义核心价值体系，才能以科学发展观和公平正义的原则去解决市场经济带来的矛盾①。现阶段，建设中国特色社会主义是我们全社会的共同理想。共同理想集中代表了我国工人、农民、知识分子和其他劳动者、建设者、爱国者的利益和愿望，具有很强的广泛性和包容性。共同理想把国家、民族与个人利益紧紧地联系在一起，强调了国家要基本实现现代化、民族要实现伟大复兴、人民要过上宽裕的小康生活，有利于调动全体人民的积极性共同为之奋斗。

在中国特色社会主义共同理想的指引下，构成公司的各个要素主体的利益冲突在广泛的、包容的共同理想下将不再尖锐，公司治理问题主要解决公司效率提高，即激励各要素主体积极奋斗实现共产主义的共同理想。因此，公司治理问题将不再主要解决利益分配问题，而只要以提高生产效率为主。

（二）利益相关者治理

在我国建设民主法治、公平正义、诚信友爱、充满活力、安定有序、人与自然和谐相处的社会主义和谐社会的大环境中，公司内部强调诚信、有序使我国公司治理要摒弃股东单边治理，遵循利益相关者治理。只有利益相关者治理才能发挥各要素主体的主观能动性，在诚信的基础上共同积极发挥其潜力提高公司运营效率。利益相关者治理也是社会主义社会共同富裕的必要条件，只有坚持利益相关者治理，才能使各要素主体获得合理的财富分配实现初次分配的公平；只有坚持利益相关者治理，才能激励各要素主体使整个社会充满活力；只有坚持利益相关者治理，才能减少各要素主体的利益冲突使整个社会安定有序；只有坚持利益相关者治理，才能使企业转变经营思路避免过度开发、利用自然资源实现人与自然地和谐相处。

---

① 上海市邓小平理论和“三个代表”重要思想研究中心．建设社会主义核心价值体系的内容和意义［N］．光明日报，2007－1－31.

结　论

本书从差异化和动态化的角度研究公司治理问题形成的原因、寻求解决代理问题的有效手段、研究公司治理模式的演化规律，使我们对公司治理问题的认识更加深入，更能把握公司治理的经济规律和演化发展规律，使我们清楚地认识到了“公司治理不存在统一的、最优的机制和手段，也不存在最优的公司治理模式，公司治理结构和机制只有适合企业内外部环境，才能通过激励各要素主体发挥各其潜力提高公司的运营效率，才能使企业创造更多的价值”的核心观点。本书支持核心论点的主要包括如下几个分论点。

（一）公司治理的差异化特征

本书从“经济人”的差异性和企业的差异性为起点论述了公司治理的差异化特征，突破了西方主流经济理论“经济人”同质的、偏好既定的假设和企业同质性假设下公司治理的局限性，为公司治理问题的解决提供了新的思路和方法。从制度互补和与环境互动的角度阐明公司治理带有差异化的特征，因此，单个企业在设计公司治理机制和构建治理结构时要综合考虑内外部环境，以保证各要素主体的权利利益得到合理的剩余控制权和剩余收益权。

（二）公司治理的动态发展特征

本书从公司动态发展和构成公司的各种要素动态发展的角度，探讨了公司治理产生的原因、发展的过程和公司治理问题的历史性。动态研究公司治理问题打破了现有公司治理的理论和分析框架，为公司治理研究提供了新的分析框架和方法。动态性的公司治理微观基础决定了公司治理也是不断发展完善的，新奇的不断创造也需要公司治理要用新的手段解决新的问题。

（三）遗传、变异和选择：公司治理模式的演化路径

通过对三种主流公司治理模式形成原因的研究，总结了公司治理模式形成的原因是资源基础差异和选择机制不同的共同作用。在此基础上，通过分析我国公司治理演化过程，提出遗传、变异和选择是公司治理模式演化的路径或机制，并提出了我国公司治理选择的原则和方法：市场选择、个体适应和立法引导。

在演化经济学的视野下，认识到公司治理的差异化特征和动态化的发展规律，能够使参与公司构建的各种要素认识到参与公司治理的必要性和价值，能够主动地参与公司治理的博弈谈判为自己争取到合理的剩余控制权和剩余收益权。认识到公司治理的差异化特征和动态化的发展规律，能够使公司治理的主体从发展的角度审视公司治理的结构和机制，避免僵化的公司治理机制和结构使要素主体选择退出或者失去创造价值的活力。认识到公司治理的差异化特征和动态化的发展规律，也能够使我们能清楚地认识到公司治理模式的动态演化的规律和演化的路径。

本书的不足之处是没有从具体企业的公司治理演化路径论述公司治理的动态发展过程，这也为今后的研究提供了思路。选择具有较长寿命的公司制企业从纵向上研究其公司治理发展的过程和演变的规律是公司治理未来的研究方向。演化经济学发展时间较短，其学派林立还没有形成统一的理论体系，因此，在演化经济学的理论基础还很稚嫩的条件下，本书对公司治理的研究还有一定的缺陷，随着演化经济学的不断完善和公司治理的不断演化，在演化的视野下考察公司治理动态发展的规律将有不同的结论或者发现新的规律。这也为未来的研究提供了思路和方向，开展演化经济学基础理论研究不仅关系到经济学理论的发展，而且对于从动态发展的角度研究和指导经济实践都有很强的现实意义。

参考文献

1. ［德］马克思．资本论（第一卷）［M］．北京：人民出版社，2004.

2. ［美］阿道夫·A. 伯利，加德纳·C. 米恩斯．现代公司与私有财产［M］．北京：商务印书馆，2005.

3. ［美］凡勃伦．蔡受百，译．有闲阶级论——关于制度的经济研究［M］．北京：商务印书馆，1964.

4. ［日］青木昌彦．对内部人控制的控制：转轨经济中公司治理的若干问题［J］．改革，1994.

5. ［英］亚当·斯密．郭大力，等，译．国民财富的性质和原因的研究［M］．北京：商务印书馆，1974.

6. ［英］亚当·斯密．谢宗林，译．道德情操论［M］．北京：中央编译出版社，2010.

7. 白重恩，刘俏，等．中国上市公司治理结构的实证研究［J］．经济研究，2005（2）.

8. 薄仙慧，吴联生．国有控股与机构投资者的治理效应：盈余管理视角［J］．经济研究，2009（2）.

9. 陈闯，杨威．股权投资者异质性对董事会职能演进的影响［J］．管理世界，2008（12）.

10. 陈晓，江东．股权多元化、公司业绩与行业竞争性［J］．经济研究，2000（8）.

11. 陈晓，王琨．关联交易、公司治理与国有股改革——来自我国资本市场的实证证据［J］．经济研究，2005（4）．

12. 戴志敏，刘华．公司治理结构中的博弈分析［J］．数量经济技术经济研究，2002（2）．

13. 杜海燕，等．国有企业的自主权、市场结构和激励制度［J］．经济研究，1990（1）．

14. 杜金沛，邢祖礼．实证经济学与规范经济学：科学标准的辨析［J］．财经研究，2005（12）．

15. 费方域．什么是公司治理［J］．上海经济研究，1996（5）．

16. 费方域．董事和董事会的结构［J］．上海经济研究，1996（5）．

17. 费方域．董事和董事会的职责和功能［J］．上海经济研究，1996（5）．

18. 费方域．公司治理的理论前提及其意义［J］．上海经济研究，1996（5）．

19. 费方域．两权分离、代理问题和公司治理［J］．上海经济研究，1996（5）．

20. 费方域．谁拥有企业：股东还是利益相关者？［J］．上海经济研究，1996（5）．

21. 冯根福．双重委托代理理论：上市公司治理的另一种分析框架——兼论进一步完善中国上市公司治理的新思路［J］．经济研究，2004（12）．

22. 甘德安．复杂性的家族企业演化理论系列研究之二——从复杂性自组织理论看家族企业治理结构演变［J］．理论月刊，2010（2）．

23. 高闯．公司治理：原理与前沿问题［M］．北京：经济管理出版社，2009（5）．

24. 高闯，刘冰．公司治理合约的制度基础、演进机理与治理效率［J］．中国工业经济，2003（1）．

25. 高闯，邵剑兵．公司治理模式的演进机理及发展趋势［J］．经济社会体制比较，2006（1）．

26. 高雷，张杰．公司治理、机构投资者与盈余管理［J］．会计研究，

2008 (9).

27. 高明华．公司治理学［M］．北京：中国经济出版社，2009 (4).

28. 高政利，欧阳文和，李坚飞，杜炎．自组织发展观：中小公司治理模式研究——基于672家中小公司实地与问卷调查，南开管理评论，2008 (11).

29. 郭贵春．科学隐喻的方法论意义［J］．中国社会科学，2004 (2).

30. 郭箭．新古典经济学与进化经济学方法论的比较［J］．财经研究，2001 (1).

31. 何浚．上市公司治理结构的实证分析［J］．经济研究，1998 (5).

32. 韩国文．演化经济学视野下的金融创新［D］．武汉：武汉大学出版社，2004.

33. 黄群慧．控制权作为企业家的激励约束因素：理论分析及现实解释意义［J］．经济研究，2000 (1).

34. 贾根良．演化经济学——经济学革命的策源地［M］．太原：山西人民出版社，2004.

35. 孔翔．中外独立董事制度比较研究［J］．管理世界，2002 (8).

36. 李桂花．自组织经济理论：和谐理性与循环累积增长［M］．上海：上海社会科学院出版社，2007 (12).

37. 连建辉，黄文锋．企业的同质性假设、异质性假设与企业所有权安排——两种企业治理观的经济学分析［J］．当代经济研究，2002 (9).

38. 李明辉．公司治理的路径依赖性及其对公司治理趋同的影响［J］．国际经贸探索，2007 (11).

39. 李明辉．制度互补性与公司治理趋同［J］．经济评论，2007 (1).

40. 李维安．公司治理学［M］．北京：高等教育出版社，2009 (11).

41. 李维安，曹廷求．商业银行公司治理：理论模式与我国的选择［J］．南开学报（哲学社会科学版），2003 (1).

42. 李新春．经理人市场失灵与家族企业治理［J］．管理世界，2003 (4).

43. 李新春，等．公司治理与企业家精神［J］．经济研究，2006 (2).

44. 李有根，等. 上市公司的董事会构成和公司绩效研究 [J]. 中国工业经济，2001 (5).

45. 林毅夫，蔡昉，李周. 国有企业改革的核心是创造竞争的环境 [J]. 改革，1995 (3).

46. 林毅夫，蔡昉，李周. 现代企业制度的内涵与国有企业改革方向 [J]. 经济研究，1997 (3).

47. 刘凤义. 企业理论研究的三种范式——新、老制度学派与马克思经济学的比较 [J]. 社会科学研究，2007 (5).

48. 刘凤义，沈文玮. 论新制度学派企业理论方法论的局限性 [J]. 河北师范大学学报（哲学社会科学版），2006 (3).

49. 刘刚. 企业的异质性假设——对企业的本质和行为的演化经济学解释 [J]. 中国社会科学，2002 (2).

50. 刘刚. 企业的异质性假设——对企业的本质和行为的演化经济学解释 [M]. 北京：中国人民大学出版社，2005.

51. 刘辉锋. 演化经济学企业理论述评 [J]. 经济评论，2005 (5).

52. 刘芍佳，孙霈，刘乃全. 终极产权论、股权结构及公司绩效 [J]. 经济研究，2003 (4).

53. 刘伟. 公司（企业）法人产权与治理结构 [J]. 改革，1994 (4).

54. 卢昌崇. 公司治理机构及新、老三会关系论 [J]. 经济研究，1994 (11).

55. 南开大学公司治理评价课题组. 中国上市公司治理状况评价研究 [J]. 管理世界，2010 (1).

56. 欧阳日辉. 新制度经济学：发展历程、方法论和研究纲领 [J]. 南开经济研究，2004 (6).

57. 潘敏. 商业银行公司治理：一个基于银行业特征的理论分析 [J]. 金融研究，2006 (3).

58. 钱颖一. 理解现代经济学 [J]. 经济社会体制比较，2002 (2).

59. 钱颖一. 企业的治理结构改革和融资结构改革 [J]. 经济研究，1995 (1).

60. 孙光焰．公司治理模式形成原因比较研究，中南民族大学学报（人文社会科学版），2008（5）．

61. 汪辉．上市公司债务融资、公司治理与市场价值［J］．经济研究，2003（8）．

62. 王怀林，冯登艳．我国上市公司治理结构问题的文化解释［J］．管理世界，2006（7）．

63. 吴敬琏．论现代企业制度［J］．财经研究，1994（2）．

64. 吴彤．自组织方法论论纲［J］．系统辩证学学报，2001（4）．

65. 吴彤．自组织方法论研究［M］．北京：清华大学出版社，2001．

66. 徐金发，常盛，谢宏．公司治理系统的耗散结构特征研究［J］．技术经济，2007（1）．

67. 徐晓东，陈小悦．第一大股东对公司治理、企业业绩的影响分析［J］．经济研究，2003（2）．

68. 杨春学．经济人与社会秩序分析［M］．上海：上海人民出版社，1998．

69. 杨虎涛．演化经济学中的生物学隐喻——理性、相似性与差异性［J］．学术月刊，2006（6）．

70. 杨瑞龙．产权明晰化与双层股份制模式［J］．经济研究，1988（2）．

71. 杨瑞龙．法人资产制度与企业自负盈亏［J］．经济研究，1988（8）．

72. 杨瑞龙，周业安．一个关于企业所有权安排的规范性分析框架及其理论含义——兼评张维迎、周其仁及崔之元的一些观点［J］．经济研究，1997（1）．

73. 银温泉．美国、日本和德国的公司治理结构制度比较［J］．改革，1994（3）．

74. 于东智，池国华．董事会规模、稳定性与公司绩效：理论与经验分析［J］．经济研究，2004（4）．

75. 郁光华，伏健．股份公司的代理成本和监督机制［J］．经济研究，1994（3）．

76. 张春霖．存在道德风险的委托代理关系：理论分析及其应用中的问题［J］. 经济研究，1995（8）.

77. 张春霖. 以捷克为例看大众私有化以后的公司治理问题及投资基金的作用［J］. 改革，1999（4）.

78. 张维迎. 公司治理中的价值创造与财富分配［J］. 中国高新技术企业，2005（6）.

79. 张维迎. 所有制、治理结构及委托—代理关系——兼评崔之元和周其仁的一些观点［J］. 经济研究，1996（9）.

80. 张维迎，吴有昌，马捷. 分析公有制经济中的委托人——代理人关系及其监督和激励机制［J］. 经济研究，1995（4）.

81. 张银杰. 公司治理——现代企业制度新论［M］. 上海：上海财经大学出版社，2010（5）.

82. 郑志刚. 投资者之间的利益冲突和公司治理机制的整合［J］. 经济研究，2004（2）.

83. 支晓强，童盼. 盈余管理、控制权转移与独立董事变更——兼论独立董事治理作用的发挥［J］. 管理世界，2005（11）.

84. 周建波，孙菊生. 经营者股权激励的治理效应研究——来自中国上市公司的经验证据［J］. 经济研究，2003（5）.

85. 周小川. 经济学中的微观制度概念［J］. 经济社会体制比较，1999（4）.

86. 朱欣民，张晓峰. 动态均衡治理——公司治理理论的尝试性补充［J］. 经济体制改革，2005（6）.

87. Abowd, J. M. and D. S. Kaplan, 1999, Executive Compensation: Six Questions That Need Answering, Journal of Economic Perspectives.

88. Adams, R., 2001, The Dual Role of Boards as Advisers and Monitors, University of Chicago PhD dissertation.

89. Aghion, P. and J. Tirole, 1997, Formal and Real Authority in Organizations, Journal of Political Economy.

90. Armen A. Alchian and Harold Demsetz, 1972, Production, Information Costs and Economic Organization, The American Economic Review.

91. Barney, J. B, 1986, Strategic Factor Markets: Expectations, Luck and Business Strategy, Management Science 32.

92. Barney, J. B, 1991, firm Resources and Sustained Competitive Advantage, Journal of Management.

93. Becht, M., P. Bolton and A. Roell, 2005, Corporate Governance and Control, Workingbook, ECGI.

94. Blair, Margaret., 1995, Ownership and Control: Rethinking Corporate Governance for the 21 Century, Washington: the Brookings Institution.

95. Brickley, J., J. Coles and R. Terry, 1994, Outside Directors and the Adoption of Poison Pills, Journal of Financial Economics.

96. Burkart, M., D. Gromb and F. Panunzi, 1997, Large Shareholders, Monitoring and the Value of the Firm, Quarterly Journal of Economics.

97. Byrd, J. W. and K. A. Hickman, 1992, Do Outside Directors Monitor Managers? Evidence from Tender Offer Bids, Journal of Financial Economics.

98. Claessens, S., S. Djankov and L. Lang, 2000, The Separation of Ownership and Control in East Asian Corporations, Journal of Financial Economics.

99. Cochran, Philip L and Steven L Wartick, 1988, Corporate Governance: A Literature Review, USA: Financial Executives Research Foundation.

100. Core, J., R. Holthausen and D. Larcker, 1999, Corporate Governance, Chief Executive Officer Compensation and Firm Performance, Journal of Financial Economics.

101. Core, J. E., W. Guay and D. F. Larcker, 2001, Executive Compensation、Option Incentives and Information Disclosure, Review of Financial Economics.

102. Core, J. E., W. Guay and D. F. Larcker, 2003, Executive Equity Compensation and Incentives: A Survey, EconomicPolicy Review.

103. Cotter, J., A. Shivdasani and M. Zenner, 1997, Do Independent Directors Enhance Target Shareholder Wealth during Tender Offers?, Journal of Financial Economics.

104. Daouk, H., C. Lee and D. Ng, 2005, Capital Market Governance: Do Securities Laws Affect Market Performance? Journal of Corporate Finance, forthcoming.

105. Demsetz, H., 1983, The Structure of Ownership and the Theory of the Firm, Journal of Law and Economics.

106. Dyck A. and L. Zingales, 2004, Private Benefits of Control: An International Comparison, Journal of Finance.

107. E. T. Penrose, The Theory ofthe Growth ofthe Firm. Oxford: Oxford University Press, 1959.

108. Edward Freeman, R. and Evan, William M., 1990, Corporate governance: A stakeholder interpretation, Journal of Behavioral Economics.

109. Eugene F Fama, 1980, Agency Problems and the Theory of the Firm, The Journal of Political Economy.

110. Gary Stanley Becker, 1976, The economic approach to human behavior, The University of Chicago Press.

110. Glaeser, E. and A. Shleifer, 2002, Legal Origins, Quarterly Journal of Economics.

112. Grossman, S., and O. Hart, 1980, Takeover Bids, the Free - rider Problem and the Theory of the Corporation, Bell Journal of Economics.

113. Grossman, S. J., and O. D. Hart, 1983, An Analysis of the Principal - Agent Problem, Econometrica.

114. Hart, O., 1983, The Market Mechanism as an Incentive Scheme, Bell Journal of Economics.

115. Hart, O., 1995, Corporate Governance, Some Theory and Applications, The Economic Journal.

116. Hermalin, B. E. and M. S. Weisbach, 2003, Boards of Directors as an Endogenously Determined Institution: A Survey of the Economic Literature, Economic Policy Review.

117. Holmstrom, B., 1979, Moral Hazard and Observability, Bell Journal

of Economics.

118. Holmstrom, B. and S. N. Kaplan, 2001, Corporate Governance and Merger Activity in the US: Making Sense of the1980's and 1990's, Workingbook, NBER.

119. Jensen, M. C. , 1993, The Modern Industrial Revolution、Exit and the Failure of Internal Control Systems, Journal of Finance.

120. Kaplan, S. and B. Minton, 1994, Top Executives、Turnover, and Firm Performance in Germany, Journal of Law, Economics and Organization.

121. Klein, A. , 998, Firm Performance and Board Committee Structure, Journal of Law and Economics.

122. Lang, L. and R. Stulz, 1994, Tobin's Q, Corporate Diversification and Firm Performance, Journal of Political Economy.

123. Langlois, R. N. , 1992, Transaction Cost Economics in Real Time, Industrial and Corporate Change.

124. Lee, C. M. C. and D. Ng. , 2002, Corruption and International Valuation: Does Virtue Pay? Workingbook, Cornell University.

125. Lemmon, M. and K. Lins, 2003, Ownership Structure, Corporate Governance and Firm Value: Evidence from the East Asian Financial Crisis, Journal of Finance.

126. MC Jensen, 1976, Theory of the firm: Managerial behavior、agency costs and ownership structure, Journal of financial economics.

127. Mehran, H. , 1995, Executive Compensation Structure、Ownership and Firm Performance, Journal of Financial Economics.

128. Morck, R. , A. Shleifer and R. Vishny, 1990, Do Managerial Objectives Drive Bad Acquisitions? Journal of Finance.

129. Morck, R. , A. Shleifer and R. W. Vishny, 1988, Management Ownership and Market Valuation: An Empirical Analysis, Journal of Financial Economics.

130. Penrose. E. T. , 1959, The Theory of the Growth of the Firm, Oxford:

Oxford University Press.

131. Rajan, R. G. and L. Zingales, 1998, Financial Dependence and Growth, American Economic Review.

132. Shleifer, A. and R. Vishny, 1986, Large Shareholders and Corporate Control, Journal of Political Economy.

133. Shleifer, A. and R. W. Vishny, 1997, A Survey of Corporate Governance, Journal of Finance.

134. Williamson, O. E., 1984, Corporate Governance, Yale Law Journal.

135. Williamson, O. E., 1985, Employee Ownership and Internal Governance: A Perspective, Journal of Economic Behavior and Organization.